「90年代J-POPの基本」がこの100枚でわかる!

栗本斉

星海社

273

SEIKAISHA SHINSHO

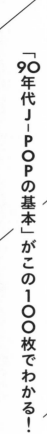

はじめに

バブル崩壊、トレンディドラマ、Jリーグ、阪神・淡路大震災、地下鉄サリン事件、Windows 95、ルーズソックス、消費税5%、失楽園、長野オリンピック、iモード、2000年問題。ざっとランダムに挙げてみたが、これらはすべて90年代に起こった出来事や象徴するキーワードだ。そして、このような世相の背景でBGMとして聞こえていた90年代J－POPの中から、よりすぐりのアルバム100枚をレビューしたのが本書である。

「90年代J－POP」と一括りにしてみたのはいいのだが、では何が「90年代J－POP」なのか、すぐにイメージが湧くだろうか。これがなかなか一筋縄ではいかない。よく言われるのが、小室哲哉とビーイングというヒットメーカーの存在だろう。trf、globe、安室奈美恵、華原朋美といったTKサウンドと、ZARD、B'z、WANDS、T-BOLANなどのビーイング・サウンドは、ヒット曲、ヒット作の大きな割合を占めていることは確かだ。しかし、その一方で、サザンオールスターズ、松任谷由実、小田和正、中島みゆき、長渕剛、

CHAGE&ASKAといった70年代から活動しているベテランたちも続々とミリオン・ヒットを生み出した時代でもある。

当然のごとく、新しいアーティストもミリオン級のヒットメーカーとして多数登場している。Mr.Children、スピッツ、GLAYといったいわゆるロック・バンドから、DREAMS COME TRUE、シャ乱Q、MY LITTLE LOVERのようなポップ系アーティストまで、バラエティに富んだ個性派たちが続々とミリオン・ヒットを生み出したのも90年代の特徴だ。彼らをジャンルで整理するにはあまりにも多様過ぎて困難であり、音楽的な傾向が画一化されていないのも90年代の不思議で面白い一面ではないだろうか。

そして、それまではアンダーグラウンドだったジャンルまで日の目を見ることになったのも、90年代の大きな特徴であると言える。ピチカート・ファイヴやオリジナル・ラヴなどの渋谷系や、MISIAやSUGAR SOULといったR&Bディーヴァたち。そこから宇多田ヒカルというマンモス・アーティストが登場し、90年代を締めくくる存在となったのはご存じの通りだ。また、ヒップホップやテクノのようなマニアックだったクラブ・ミュージックが一般化し、ハードコアやメロコアといったパンク勢からもスターが登場。英語詞で歌うHi-STANDARDまでもがミリオン・ヒットを記録する時代だったのだ。

本書では、こういった90年代音楽シーンの傾向を、100枚のアルバム・レビューによって浮かび上がらせようと試みた。ここで課したルールは、90年代の10年間を年ごとに分け、1年につき10枚のアルバムを抽出するということ。年間チャートの上位ということではなく、その年を代表すると思われる作品を独断で選んだ。また、1アーティストにつき、1作品に限定し、単にそのアーティストにとって一番売れた作品ということではなく、代表作と思えるものや、90年代の音楽シーンにおいて大きな影響を与え、時代を象徴すると言えるようなアルバムのセレクションを意識した。

そして、レビュー本文に関しては、そのアーティストの魅力や個性がどのようなものなのかをなるべく客観的に捉えるようにし、個人的な主観は控えめにしたつもりだ。趣味嗜好を反映すると平等ではなくなってしまうためである。よって、本書においてはあくまでも俯瞰する視点を保つことを重視し、すべての作品には優劣を付けず、並列で評価するように心がけた。

ここで90年代のJ－POPを総括しようと思ったのには理由がある。それは、昨今90年代リバイバルが急速に進んでいるからだ。ここ10年くらいはシティポップを筆頭に80年代を振り返ることが多かったのだが、最近は音楽のみならずカルチャー全般において「90年代」というキーワードをよく聞くようになった。以前より90年代の音楽シーンがどういうものだったのかを、自分なりに言語化しておきたいと感じていたこともあり、機が熟したと言ってもいいだろう。また、70年代後半から80年代に関しては、前作の『「シティポップの基本」がこの100枚でわかる!』(2022年/星海社新書)で、シティポップという切り口ではある程度まとめることができたが、90年代に関してはまだまだ言葉足らずだと感じていたこともあって、本書の企画につながった。

さらに言えば、その時代をまとめた書籍がこれまでにあまりなかったことも大きい。ディスクガイド本でいうと、90年代のJ-POPに関する書籍はすでに2冊出版されている。『THE GROOVY 90'S―90年代日本のロック/ポップ名盤ガイド』(2010年/ミュージック・マガジン)と『90年代ディスクガイド――邦楽編』(2021年/Pヴァイン)である(なお、前者には筆者も寄稿している)。いずれも丁寧に編集された素晴らしいディスクガイドではあるのだが、それぞれが「ミュージック・マガジン」と「ele-king」という雑誌の編集部が編んだ別冊的な書籍であり、それらの色が濃厚な内容だった。また、90年代ではなく平成という切り口だと、柴那典《しばとものり》さんの『平成のヒット曲』(2021年/新潮新書)という良書はあるが、こちらはあくまでもヒット曲に特化しており、アルバム単位ではなかった。

これらの先達を参考にしながらも、90年代を100枚のアルバムでコンパクトにまとめてみた。ディスクガイドという体裁なので、どこから読んでいただいてもかまわないが、一冊通して読むと90年代の日本の音楽シーンの流れがわかるように意識した。もちろん、この100枚ですべてが収まらないことは重々承知ではあるが、あくまでも〝基本〟ということをご理解の上で、90年代J－POPの果てしない大海原への旅にお付き合いいただければと願っている。

目次

1992

1995

1998

1999

〈レビューページの見方〉

レーベル

初出のレーベル名を記載しています。

発売年・月・日

オリジナル盤の発売年月日を記載しています。

アーティスト名

アルバム名

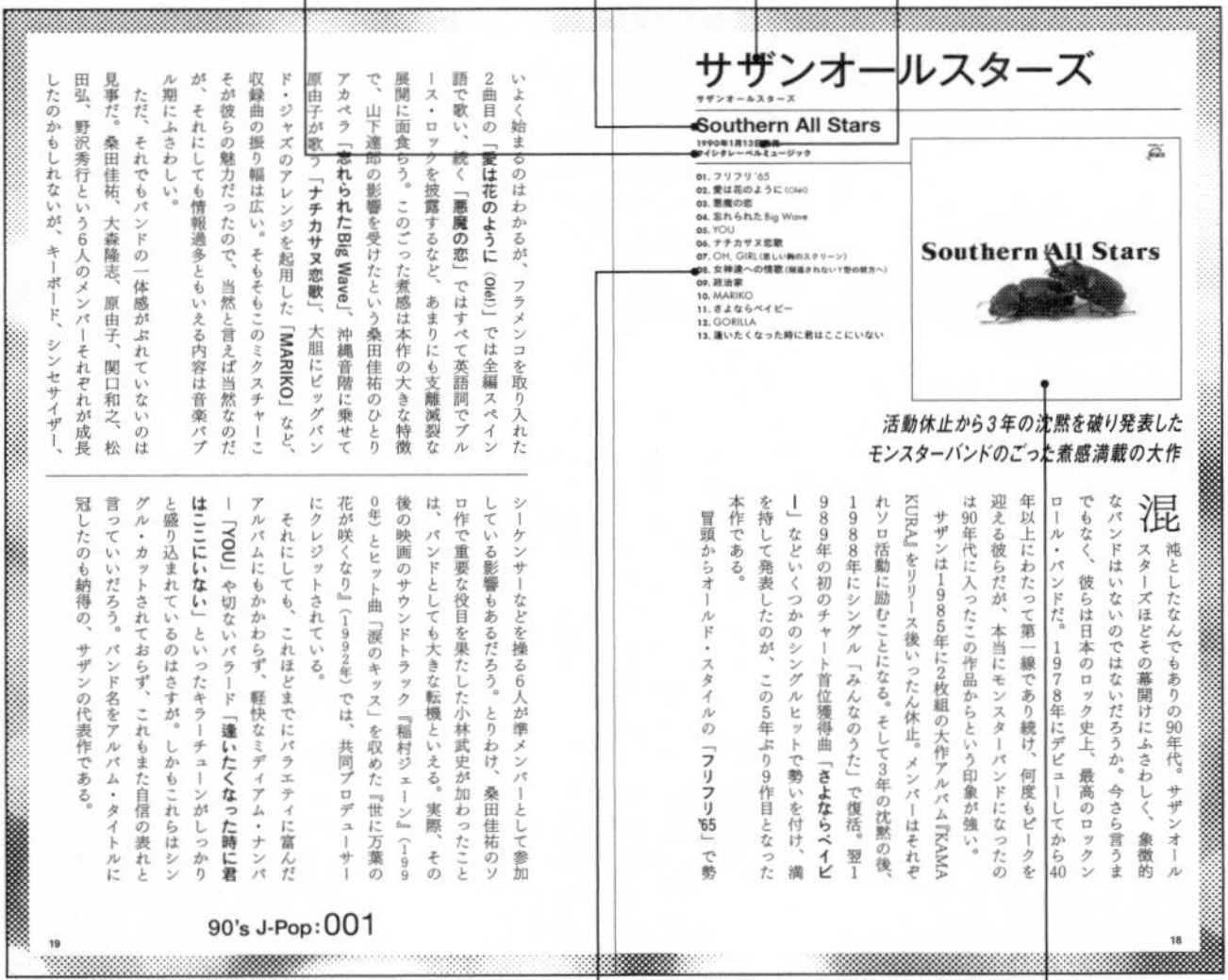

サザンオールスターズ

サザンオールスターズ

Southern All Stars

1990年1月13日発売

タイシタレーベルミュージック

01. フリフリ'65
02. 愛は花のように（Olé!）
03. 悪魔の恋
04. 忘れられたBig Wave
05. YOU
06. ナチカサヌ恋歌
07. OH, GIRL（悲しい胸のスクリーン）
08. 女神達への情歌（報道されないY型の彼方へ）
09. 政治家
10. MARIKO
11. さよならベイビー
12. GORILLA
13. 逢いたくなった時に君はここにいない

活動休止から3年の沈黙を破り発表した モンスターバンドのごった煮感満載の大作

混沌としたなんでもありの90年代。サザンオールスターズほどその幕開けにふさわしく、象徴的なバンドはいないのではないだろうか。今さら言うまでもなく、彼らは日本のロック史上、最高のロックンロール・バンドだ。1978年にデビューしてから40年以上にわたって第一線であり続け、何度もピークを迎える彼らだが、本当にモンスターバンドになったのは90年代に入ったこの作品からという印象が強い。

サザンは1985年に2枚組の大作アルバム『KAMAKURA』をリリース後いったん休止。メンバーはそれぞれソロ活動に励むことになる。そして3年の沈黙の後、1988年にシングル「みんなのうた」で復活。翌1989年の初のチャート首位獲得曲「**さよならベイビー**」などいくつかのシングルヒットで勢いを付け、満を持して発表したのが、この5年ぶり9作目となった本作である。

冒頭からオールド・スタイルの「**フリフリ'65**」で勢いよく始まるのはわかるが、フラメンコを取り入れた2曲目の「**愛は花のように**（Olé!）」では全編スペイン語で歌い、続く「**悪魔の恋**」ではすべて英語詞でブルース・ロックを披露するなど、あまりにも支離滅裂な展開に面食らう。このごった煮感は本作の大きな特徴で、山下達郎の影響を受けたという桑田佳祐のひとりアカペラ「**忘れられたBig Wave**」、沖縄音階に乗せて原由子が歌う「**ナチカサヌ恋歌**」、大胆にビッグバンド・ジャズのアレンジを起用した「**MARIKO**」など、収録曲の振り幅は広い。そもそもこのミクスチャーこそが彼らの魅力だったので、当然と言えば当然なのだが、それにしても情報過多ともいえる内容は音楽バブル期にふさわしい。

ただ、それでもバンドの一体感がぶれていないのは見事だ。桑田佳祐、大森隆志、原由子、関口和之、松田弘、野沢秀行という6人のメンバーそれぞれが成長したのかもしれないが、キーボード、シンセサイザー、シーケンサーなどを操る6人が準メンバーとして参加している影響もあるだろう。とりわけ、桑田佳祐のソロ作で重要な役目を果たした小林武史が加わったことは、バンドとしても大きな転機といえる。実際、その後の映画のサウンドトラック『稲村ジェーン』（1990年）とヒット曲「涙のキッス」を収めた『世に万葉の花が咲くなり』（1992年）では、共同プロデューサーにクレジットされている。

それにしても、これほどまでにバラエティに富んだアルバムにもかかわらず、軽快なミディアム・ナンバー「**YOU**」や切ないバラード「**逢いたくなった時に君はここにいない**」といったキラーチューンがしっかりと盛り込まれているのはさすが。しかもこれらはシングル・カットされておらず、これもまた自信の表れと言っていいだろう。バンド名をアルバム・タイトルに冠したのも納得の、サザンの代表作である。

90's J-Pop:001

18 19

収録曲

オリジナル盤の収録曲を記載しています。

ジャケット

一部の例外を除き、オリジナル盤のジャケットを記載しています。

サブスクリプション
サービス
（定額配信）
で楽しめる！

レビューを
読んだその場で
聴ける！

本書掲載
アルバム
プレイリスト

Spotify

Amazon Music

Apple Music

＊各アルバムの本書掲載情報とプレイリスト配信各サービスの掲載情報に差異がある場合がある旨、ご了承願います。
＊本書に掲載しているものの、プレイリスト配信各サービスにて配信されていないアルバム、楽曲がある旨、ご了承願います。
＊プレイリスト配信各サービスの事由による配信終了につきましては弊社対応外となります。

「90年代J-POP」100枚
90's J-Pop 100

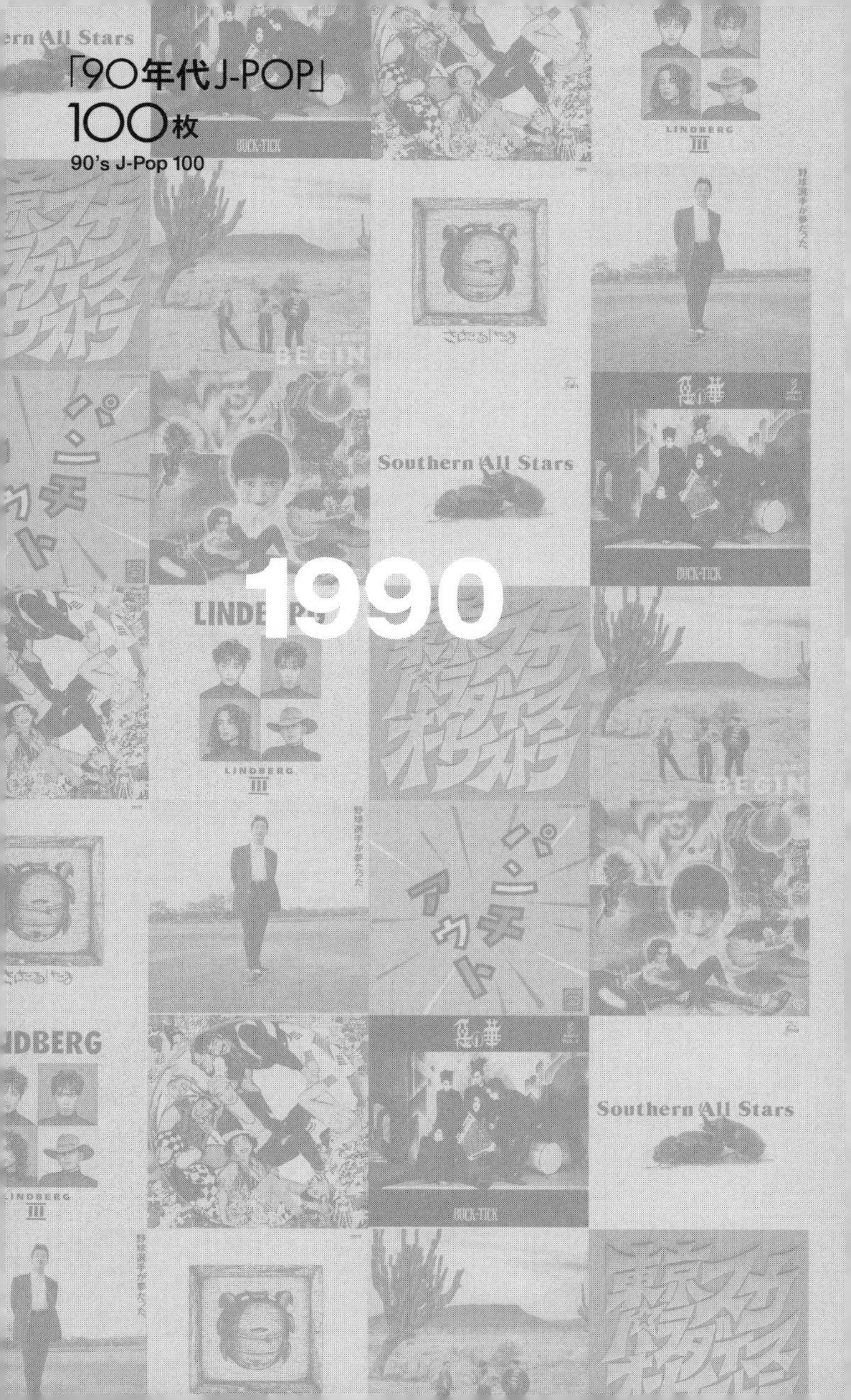

1990

サザンオールスターズ

サザンオールスターズ

Southern All Stars

1990年1月13日発売
タイシタレーベルミュージック

01. フリフリ'65
02. 愛は花のように(Olé!)
03. 悪魔の恋
04. 忘れられたBig Wave
05. YOU
06. ナチカサヌ恋歌
07. OH, GIRL(悲しい胸のスクリーン)
08. 女神達への情歌(報道されないY型の彼方へ)
09. 政治家
10. MARIKO
11. さよならベイビー
12. GORILLA
13. 逢いたくなった時に君はここにいない

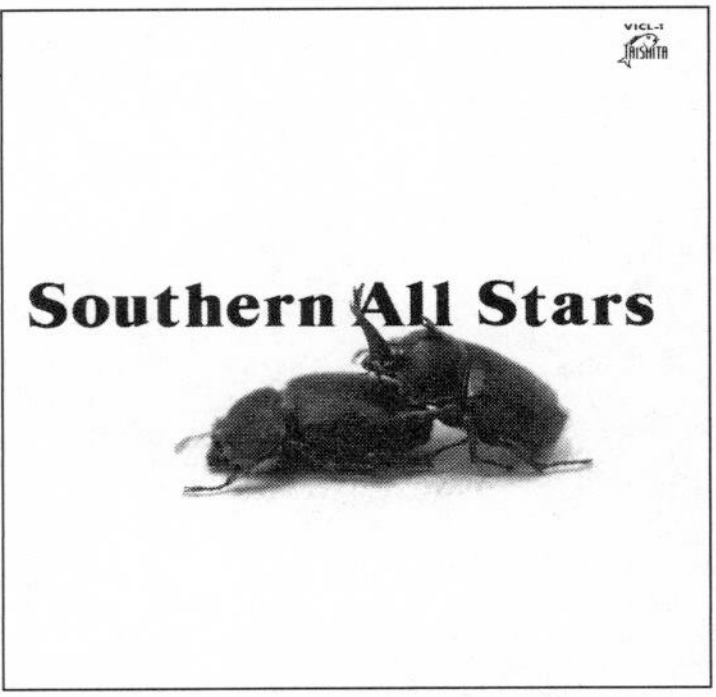

活動休止から3年の沈黙を破り発表した モンスターバンドのごった煮感満載の大作

混沌としたなんでもありの90年代。サザンオールスターズほどその幕開けにふさわしく、象徴的なバンドはいないのではないだろうか。今さら言うまでもなく、彼らは日本のロック史上、最高のロックンロール・バンドだ。1978年にデビューしてから40年以上にわたって第一線であり続け、何度もピークを迎える彼らだが、本当にモンスターバンドになったのは90年代に入ったこの作品からという印象が強い。

サザンは1985年に2枚組の大作アルバム『KAMAKURA』をリリース後いったん休止。メンバーはそれぞれソロ活動に励むことになる。そして3年の沈黙の後、1988年にシングル「みんなのうた」で復活。翌1989年の初のチャート首位獲得曲「**さよならベイビー**」などいくつかのシングルヒットで勢いを付け、満を持して発表したのが、この5年ぶり9作目となった本作である。

冒頭からオールド・スタイルの「**フリフリ'65**」で勢

いよく始まるのはわかるが、フラメンコを取り入れた2曲目の「**愛は花のように**（Olé!）」では全編スペイン語で歌い、続く「**悪魔の恋**」ではすべて英語詞でブルース・ロックを披露するなど、あまりにも支離滅裂な展開に面食らう。このごった煮感は本作の大きな特徴で、山下達郎の影響を受けたという桑田佳祐のひとりアカペラ「**忘れられたBig Wave**」、沖縄音階に乗せて原由子が歌う「**ナチカサヌ恋歌**」、大胆にビッグバンド・ジャズのアレンジを起用した「**MARIKO**」など、収録曲の振り幅は広い。そもそもこのミクスチャーこそが彼らの魅力だったので、当然と言えば当然なのだが、それにしても情報過多ともいえる内容は音楽バブル期にふさわしい。

ただ、それでもバンドの一体感がぶれていないのは見事だ。桑田佳祐、大森隆志、原由子、関口和之、松田弘、野沢秀行という6人のメンバーそれぞれが成長したのかもしれないが、キーボード、シンセサイザー、シーケンサーなどを操る6人が準メンバーとして参加している影響もあるだろう。とりわけ、桑田佳祐のソロ作で重要な役目を果たした小林武史が加わったことは、バンドとしても大きな転機といえる。実際、その後の映画のサウンドトラック『稲村ジェーン』（1990年）とヒット曲「涙のキッス」を収めた『世に万葉の花が咲くなり』（1992年）では、共同プロデューサーにクレジットされている。

それにしても、これほどまでにバラエティに富んだアルバムにもかかわらず、軽快なミディアム・ナンバー「**YOU**」や切ないバラード「**逢いたくなった時に君はここにいない**」といったキラーチューンがしっかりと盛り込まれているのはさすが。しかもこれらはシングル・カットされておらず、これもまた自信の表れと言っていいだろう。バンド名をアルバム・タイトルに冠したのも納得の、サザンの代表作である。

BUCK-TICK

バクチク

悪の華

1990年2月1日発売
Invitation

01. NATIONAL MEDIA BOYS
02. 幻の都
03. LOVE ME
04. PLEASURE LAND
05. MISTY BLUE
06. DIZZY MOON
07. SABBAT
08. THE WORLD IS YOURS
09. 悪の華
10. KISS ME GOOD-BYE

孤高の地位を築き上げた先進的なバンドの通算5作目オリジナル・アルバム

ヴィジュアル系と呼ばれるロック・バンドは、90年代の日本のロックシーンにおけるひとつの潮流だった。音楽性を無視して見た目だけでそう呼ばれることを嫌うバンドが多かったとはいえ、アイドル並みの追っかけファンが生まれ、専門誌まで作られるほど隆盛したことはこの時代の象徴的な出来事と言える。その先鞭をつけた代表的な存在がBUCK-TICKであり、後続のバンドに多大な影響を与えたのは間違いない。ただ、彼らは単純にヴィジュアル系というくくりでは語れない、先進的なグループでもあった。

BUCK-TICKは、ヴォーカルの櫻井敦司、ギターの今井寿、星野英彦、ベースの樋口豊、ドラムスのヤガミ・トールという不動の5人によって、1984年に結成されている。インディーズで活動した後の1987年にメジャー・デビューした際には、すでに絶大な人気を誇っていた。しかし、CM出演、日本レコード大賞新人賞受賞、日本武道館公演と成功への階段を登っている真っただ中に、薬物使用のスキャンダルにより活動停止。半年間の謹慎を解いて1989年末に東京ドーム公演を実現し、90年代の幕開けとして最初に発表した作品が、5作目のオリジナル・アルバムとなった本作である。

注目すべきはやはり先行シングルとなったタイトル曲の「**惡の華**」だろう。ソリッドなギターのリフが印象的なドライブ感のあるロックンロールだが、全体的に通底する世界観はどこか耽美的である。歌詞は櫻井敦司がジャン＝リュック・ゴダールの映画『気狂いピエロ』からの影響を受けて書いたもので、タイトルはボードレールの詩集『惡の華』からの引用だ。こういったバックボーンを知ると、彼らが徹底した美学に基づいて曲作りを行っているのかがよくわかる。

そしてさらに強烈なのが、冒頭を飾る「**NATIONAL MEDIA BOYS**」だ。継ぎ接ぎしたようなメロディとリズムによっていったいどういう曲展開なのかがわからなくなる不思議な楽曲で、歌詞にヒトラーを思わせる言葉が出てくるのも不安感を煽る。また、「**幻の都**」ではオリエンタルなメロディが奏でられるが、このテイストは「**SABBAT**」にも取り入れられている。一方で、スカ・パンクのような性急な感覚の「**DIZZY MOON**」や、半音ずつ音階が上がっていく様子が不穏さを演出する「**THE WORLD IS YOURS**」、ファンキーなカッティング・ギターに導かれる「**KISS ME GOOD-BYE**」と、バンドのアンサンブルも技巧的で、予定調和の楽曲は一切ない。

BUCK-TICKは孤高の地位を築き、多くのフォロワーを生みながら活動を続けている。ニューウェイヴやポスト・パンクを日本語のロックとしてブレイクさせた最初期の成功例であり、誰も超えられないポジションを長きにわたってキープし続けている稀有なバンドなのだ。

FLYING KIDS

フライング・キッズ

続いてゆくのかな

1990年4月21日発売
ビクターエンタテインメント

01. あれの歌
02. キャンプファイヤー
03. 行け行けじゅんちゃん
04. ちゅるちゅるベイビー
05. ぼくはぼくを信じて ～満ち足りた男
06. 我想うゆえに我あり
07. 幸せであるように
08. きのうの世界
09. 君が昔愛した人
10. おやすみなさい
11. あれの歌（再び）

オーディション番組から登場した7人編成バンドによるファンク・ビート満載のデビュー作

1989年に始まったバンドのオーディション番組『三宅裕司のいかすバンド天国』。通称「イカ天」と呼ばれたこの番組が、日本のロック史に及ぼした影響はかなり多大だ。2年弱の間に出演したグループは800を超え、いわゆるバンド・ブームが起こった。そして、勝ち抜き形式の番組でどんどん勝利をおさめ、そこから真っ先にメジャー・シーンに飛び出してきたのがFLYING KIDSである。彼らはロックというよりも本格的なファンク・バンドであり、ヴォーカルの浜崎貴司を中心とした7人編成という大所帯でメジャー・デビューを果たした。

デビュー作となった本作は、メジャーだからといって気を抜くことなく、徹底してファンクにこだわっている。冒頭のはっちゃけた「**あれの歌**」から、ドライブ感に満ちた「**キャンプファイヤー**」、スラップベースがアーバンなテイストを演出する「**ちゅるちゅるベイビー**」、ヘヴィなサウンドで7分弱の長尺を構築する

「ぼくはぼくを信じて ～満ち足りた男」など、前半は特にねっとりとしたファンク・ビートが満載だ。

ストイックにビートを叩き出すドラムスとうねるようなグルーヴを生み出すベース、ファンキーさを高めるカッティング・ギターとエキセントリックに響くキーボード、そして吠えるような迫力のヴォーカルが渾然一体となって怒濤のファンクを繰り広げていく。スライ&ザ・ファミリー・ストーンやPファンクといった先達のグループをよく研究し、日本語で表現していくことに上手く成功した最初の例と言っていいかもしれない。もちろん、70年代からファンクに影響を受けた日本のミュージシャンは多数いるが、ここまで振り切ってメジャーで成功した例はなかったのではないだろうか。

本作における山場はなんといっても、「イカ天」で高く評価された**「幸せであるように」**だろう。他のファンク・チューンと違って、ミディアム・テンポのソウル・バラードである。といっても、ありきたりのラブソングではなく、ジェームス・ブラウンの「It's A Man's, Man's, Man's World」にも通じるこってり風味に仕上がっている。〝幸せであるように心で祈ってる〟というフレーズが何度もリフレインされるが、時折〝ママも死んで〟や〝抱き合ってささやいて〟といった耳に残るフレーズをシャウトするのもアクセントになっている。**「我想うゆえに我あり」**もそうだが、ゴスペルを思わせる精神性を持ち合わせているのも、彼らがリアルにファンクを表現していると感じられる理由だろう。

その後ポップな方向性に進み、「風の吹き抜ける場所へ～Growin' Up, Blowin' In The Wind～」(1994年)などのヒットもあったが、1998年に解散。2007年に再結成を果たしている。

LINDBERG

リンドバーグ

LINDBERG III

1990年4月21日発売
JAPAN RECORDS

01. LITTLE WING ~Spirit of LINDBERG~
02. RUSH LIFE
03. 今すぐ Kiss Me
04. ROLLING DAYS
05. TOUCH DOWN
06. VOICE OF ANGEL
07. MODERN GIRL
08. YOU BELONG TO ME
09. SILVER MOON
10. 忘れないで
11. READY GO!
12. RAINY DAY

90年代を駆け抜けたLINDBERGの最初の到達点

元気印のロックンロール。本人たちはどこまで自覚的だったのかはわからないが、当時の彼らのイメージはこんな感じだった。軽快なサウンドに乗せて、ポジティヴなメッセージを歌うバンドという印象は、この時代に即していたのだろう。80年代半ばから渡辺美里や永井真理子といったアイドル的なロック・シンガーが人気を博し、彼女たちはこぞって前向きな姿勢でティーンエイジャーを虜にしていた。その流れで本格的なロック・バンドの代表として、LINDBERGが颯爽と登場したのである。

ただ、バンド自体は〝地道にインディーズで活動を重ねてからメジャーへ〟というような、よくある当時のスタイルとはまったく違う。ヴォーカルの渡瀬マキは1987年にアイドル歌手としてすでにデビューしているのだ。しかしアイドルとしてはそれほど注目されることはなく、翌1988年に彼女のライヴ・サポートを行っていたギタリストの平川達也が、音楽仲間だったベーシストの川添智久とドラマーの小柳“cherry”昌法を誘ってバンドを結成。１９８９年にZIGGYの森重樹一が楽曲を提供したシングル「ROUTE 246」でデビューを果たした。その後アルバム２枚を経て、１９９０年にはシングル**「今すぐKiss Me」**をリリース。この曲がドラマ『世界で一番君が好き!』のタイアップとなり爆発的なヒットとなった。以来、バンドブームを牽引する存在としてヒット曲を連発するのである。

本作は**「今すぐKiss Me」**の大ヒット直後に発表され、当然のごとくビッグ・セールスを記録した3作目である。先の２枚のアルバムは、外部の作家の楽曲も多かったが、ここでは基本的にメンバー全員が自作曲を持ち寄るスタイルとなっている。また、作詞は一部を除きすべて渡瀬マキが手掛けているのも特記しておきたいところ。彼女から放たれる元気印メッセージは冒頭の**「LITTLE WING ~Spirit of LINDBERG~」**から顕著だ。エッジーでありながら小気味良いバンド・アンサンブルと、少し幼さの残るヴォーカルとのバランスが魅力的で、信じることや勇気を持つことの大切さを歌い上げる。**「忘れないで」**や**「READY GO!」**などもまさに彼らのパブリック・イメージそのものだ。

しかし、その路線だけではなく、U2あたりの影響を感じさせる**「VOICE OF ANGEL」**のような社会派メッセージ・ソングをさらりと挿入しているし、音楽的にも随所に洋楽ロックのエッセンスをまぶしたテクニカルなフレーズも多い。キャッチーなシングル・ヒットだけでは伝わりづらい音楽性の豊かさが、そこかしこに感じられるのだ。そういった意味においても、〝アイドル＋バック・バンド〟的な成り立ちを完全に脱却し、４人が一体となったバンド・サウンドがここで確立されたといえるだろう。本作は90年代を駆け抜けたLINDBERGの最初の到達点なのである。

東京スカパラダイスオーケストラ

トウキョウスカパラダイスオーケストラ

スカパラ登場

1990年5月1日発売
EPIC/SONY

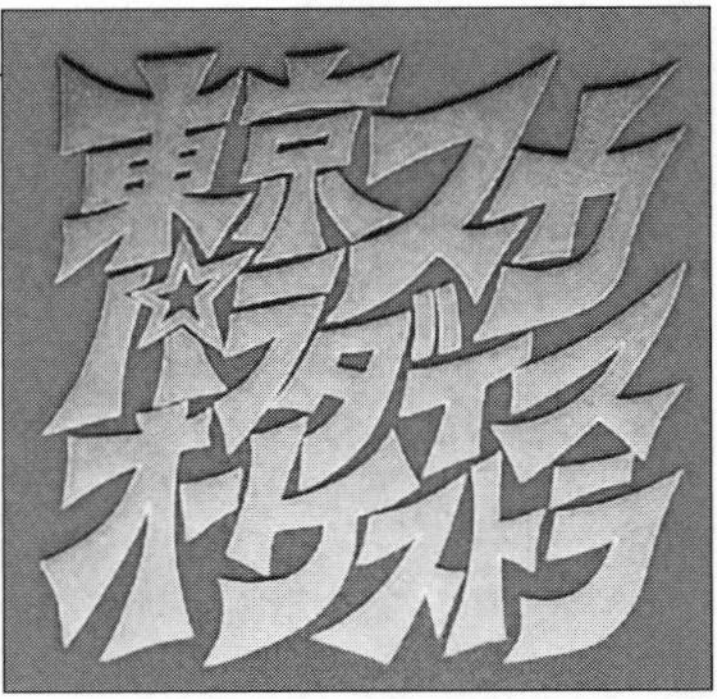

01. ストレンジ バード
02. バンパイア
03. MONSTER ROCK
04. 仔象の行進
05. ウーハンの女（ひと）
06. TIN TIN DEO
07. 月面舞踏
08. にがい涙
09. いにしえの花
10. ゴールデン タイガー
11. HIT THE ROAD JACK
12. ドキドキ TIME
13. 君と僕

インスト・グループとしては異例の大ヒットを記録した メジャー・デビューアルバム

ジャマイカで生まれたローカル音楽だったスカ。80年代には英国でマッドネスやザ・スペシャルズなどが取り入れて2トーン・スカがブームになったが、日本で定着させたのはスカパラこと東京スカパラダイスオーケストラの功績であることは間違いない。彼らは1985年に結成し、80年代末にはスカやパンクのイベントに出演して人気を集めていった。1989年にアナログのミニ・アルバム『東京スカパラダイスオーケストラ』をインディーズでリリース。翌年に待望のメジャー・デビュー作として発表したのが本作である。

インスト・グループとしては異例の大ヒットを記録したアルバムであるが、スカという音楽がどうこう以前に、実にポップで楽しい作品に仕上がっている。敢えてモノラルで録音されたオーセンティックなジャマイカン・スタイルの「**ストレンジ バード**」から、UKの2トーンにも通じるクールな「**バンパイア**」という流れで一気に心を摑まれる。この2曲はギターの林昌幸によるもので、他にもフォークダンス風のレトロな**「月面舞踏」**なんていう楽曲も手掛けている。続くアルト・サックスの冷牟田竜之による**「MONSTER ROCK」**は、スパイ映画のサントラのような雰囲気がかっこいい。一方、当時のバンマスだったパーカッションのASA-CHANGによる**「ウーハンの女」**は、クリーンヘッド・ギムラの雄叫びが武内雄平のソプラノ・サックスと絡むオリエンタルな仕上がり。テレビのバラエティ番組で使用されたドラムスの青木達之による**「ドキドキTIME」**のコミカルなテイストもユニークだ。実は、こうして名前を挙げたメンバーは、急逝したクリーンヘッド・ギムラと青木達之を含めていずれも後に脱退している。

他にも、ベースの川上つよしによるどこか懐かしい**「いにしえの花」**やトロンボーンの北原雅彦の雄大な**「ゴールデン タイガー」**、そしてキーボードの沖祐一がアコーディオンと口笛を披露するラストの**「君と僕」**と、個々のメンバーが個性をアピール。ここでは曲提供はしていないが、トランペットのNARGO、テナー・サックスのGAMO、バリトン・サックスの谷中敦といったホーン・セクションの活躍ぶりも重要だ。オリジナル曲だけでなく、ヘンリー・マンシーニの**「仔象の行進」**や、スリー・ディグリーズの日本語曲**「にがい涙」**、レイ・チャールズで有名な**「HIT THE ROAD JACK」**などのカヴァーもセンス良く、まるでおもちゃ箱をひっくり返したかのようなカラフルなアルバムに仕上がっている。

スカパラはその後もメンバー・チェンジを繰り返しながら、ジャンルを超えたヴォーカリストとのコラボレーションや大規模な海外ツアーなど、常に話題を振りまきながら長きにわたって活動を続けている。その原点であり、今こそ傑作として評価したいメジャー・デビュー作なのだ。

BEGIN

ビギン

音楽旅団

1990年6月23日発売
BAIDIS

01. SOUND OF SUNRISE
02. 流星の12弦ギター
03. SLIDIN' SLIPPIN' ROAD
04. 白い魚と青い魚
05. 8月の森へ行こう
06. いつものように
07. 追憶のシアター
08. 恋しくて
09. 砂の上のダンス
10. 星の流れに
11. ほほ笑みに続く道

彼らの音楽はバブルを引きずった時代に対する
ある種のアンチテーゼのように響いた

オーディション番組「イカ天」から出てきたバンドは、概ね派手でトリッキーなイメージが強かった。だから、BEGINのような渋い音楽性を持つグループは違う意味で目立っていた。ブルースやフォーク、カントリーといった当時は隅に追いやられていたオールドスタイルの音楽と真剣に向き合う姿勢が、逆に審査員の目を引き称賛につながったのだろう。ただ、そこはもちろん実力あってこそ。切なくも美しくブルージーなバラードのデビュー曲「**恋しくて**」は日産自動車のCMソングに使用されたこともあって大ヒットを記録し、良くも悪くも「イカ天」を代表するバンドとなったのである。

BEGINの3人は、いずれも個性的なミュージシャンでもある。リード・ヴォーカルとギターの比嘉栄昇、ギターの島袋優、ピアノの上地等は沖縄県石垣島の幼なじみ。もともとハードロックを志向していたが、途中からブルースへと路線変更したという。

このファースト・アルバムは、メジャー・デビュー作ということもあって、自分たちの手による楽曲は半数ほどだが、それでも彼らの良さは伝わるだろう。シングル・ヴァージョンでは流麗なストリングスが施されていた「**恋しくて**」は、シンプルなアコースティック・ブルースに生まれ変わっている。どちらも素晴らしいが、アルバム・ヴァージョンの方がBEGINらしさを感じられるかもしれない。また、三線の音色をフィーチャーして沖縄テイストをアピールした「**SLIDIN' SLIPPIN' ROAD**」、カズーの音色がユニークなカントリー・ロック「**いつものように**」、少しジャジーでノスタルジックな「**星の流れに**」などは、彼らの特性がよく表れている。ムーンライダーズの白井良明が作曲した静かなアコースティック・チューン「**SOUND OF SUNRISE**」、岡本朗（岡本一生）が書き下ろしたブルース・ナンバー「**追憶のシアター**」などもBEGINのイメージに合ったものだろう。

その一方で、リズムマシンのビートに乗せたボサノヴァ・タッチの「**白い魚と青い魚**」や、ドリーミーなポップ・ソング「**砂の上のダンス**」などは少し変化球と言える。しかし、それでもブレがないと思えるのは、比嘉栄昇の無垢なヴォーカル・スタイルが完成されているからだ。きらびやかで騒々しい90年代において、彼らの音楽は喧騒から逃れることのできる一服の清涼剤であり、バブルを引きずった時代に対するある種のアンチテーゼのように響いたのである。

その後のBEGINは特大ヒットを飛ばすことはなかったが、マイペースで良質な作品を作り続けている。また、90年代後半になって盛り上がった〝フォーキー〟の先駆けという見方もできるかもしれない。ともかく、彼らを受け入れる土壌があったことは、90年代の音楽シーンの豊潤さを物語っている。

たま

タマ

さんだる

1990年7月10日発売
axec

01. 方向音痴
02. おるがん
03. オゾンのダンス
04. 日本でよかった
05. 学校にまにあわない
06. どんぶらこ
07. ロシヤのパン
08. さよなら人類（オリジナル・ヴァージョン）
09. ワルツおぼえて
10. らんちう
11. れいこおばさんの空中遊泳

彼らの特異ながらも高度な音楽性が世に広まったことは日本の音楽シーンにおいて非常に重要

通称「イカ天」こと音楽オーディション番組『三宅裕司のいかすバンド天国』は賛否両論あったが、あまり日の目を浴びない才能豊かなバンドにスポットライトが当てられたことはもっと評価してもいいのではないだろうか。特に、たまのようなバンドは、アングラのひとことで片付けられがちなスタイルだったが、テレビに出演したことで大ブレイクした。もちろん見た目のインパクトも大きかったとはいえ、彼らの特異ながらも高度な音楽性が世に広まったことは、90年代の日本の音楽シーンにおいて非常に重要なことである。

１９８４年に結成されたたまは、１９８７年に有頂天のケラが主宰する異色レーベル「ナゴムレコード」のオムニバス・アルバムに誘われたことをきっかけに、インディーズ・シーンでは少しずつ名を広めていった。そして、「イカ天」出場による大反響がきっかけでメジャー・デビューを果たすのである。メンバーは、ギターの知久寿焼、パーカッションの石川浩司、ベースの滝本晃司、キーボードの柳原陽一郎という4人で、いずれもソロアーティストとしても通用するヴォーカリスト及びソングライターとしても成立するところが特徴だ。「イカ天」の影響もあってどうしてもイロモノ的な扱いをされることが多かったが、他にはないユニークな音楽体験を味わうことができる。

メジャーでの第一作となった本作は、セールス的にも大きな結果を出した。その象徴的な一曲が、先行シングルとして60万枚を超える大ヒットを記録した「**さよなら人類**」だ。チンドンのような和風のリズム、ピアノやリコーダーを交えたアコースティックなアンサンブル、〝今日 人類がはじめて 木星についたよ〟という深読みしたくなる歌詞、途中で奇妙な展開をする楽曲構成など、それまでのロック・バンドの概念からは大きく逸脱しているが、それでも普遍的なメロディと個性的な佇まいに人々は魅了された。この曲でNHK『紅白歌合戦』に出場したことからも、当時の受け入れられ方がわかるだろう。

アルバムも「**さよなら人類**」に負けず劣らずの個性的な楽曲が並ぶ。緩急の展開にビートルズの影響を感じ取れる「**方向音痴**」、メロディアスな3拍子のフォークロック「**おるがん**」、ブルーグラスのようなタイトな演奏に心躍る「**オゾンのダンス**」、70年代のサイケデリック・フォークを思わせるディープな「**どんぶらこ**」、美しい旋律と目くるめく展開が見事な「**ワルツおぼえて**」など、どれも丁寧に作り込まれた名曲ばかり。インディーズ時代のレパートリーのリメイクもあるとはいえ、彼らの溢れ出る才能を堪能できる。

当時「イカ天」を観ていて「**さよなら人類**」しか知らないというのは、非常にもったいない。たまの魅力は、ぜひアルバムで味わっていただきたい。そう切に思わされる、今聴いても斬新な傑作アルバムである。

KAN
カン

野球選手が夢だった。

1990年7月25日発売
Polydor

01. 愛は勝つ
02. 恋する二人の834km
03. けやき通りがいろづく頃
04. 青春国道202
05. 千歳
06. Happy Birthday
07. ぼくたちのEaster
08. 健全 安全 好青年
09. 1989 (A Ballade of Bobby & Olivia)
10. 君が好き胸が痛い

大ヒット曲「愛は勝つ」に隠れがちな、KAN自身が当代随一のピアノ・マンであることを証明する傑作

当代随一のピアノ・マンであり、90年代以降に登場したメロディメイカーの中でも屈指の存在と言っていいだろう。ＫＡＮは非常にユニークな立ち位置のアーティストだ。実力派であり、通好みのアーティストとして、Mr.Children の桜井和寿をはじめ数々のミュージシャンからリスペクトされている。その一方で、コミカルな作風やステージングから、親しみやすいキャラクターという印象を持っている方も多いだろう。

１９８７年にメジャー・デビューを果たしたＫＡＮは、当時から高度なポップ・センスが評価されていたが、セールスに結びつかず苦戦していた。しかし、単なるアルバム収録曲のひとつだった「**愛は勝つ**」が、大阪のＦＭ８０２でヘビーローテーションに選ばれたことがきっかけで、シングル・カットされてじわじわとチャートを上昇。その後、バラエティ番組『邦ちゃんのやまだかつてないテレビ』のタイアップとして頻繁にテレビからも聴こえてくるようになり、結果的に200万枚を超える大ヒットを記録した。

本作は、その**「愛は勝つ」**が収められていた5作目のオリジナル・アルバム。大ヒット作ではあるが、実際に売れたのは発表の翌年であり、ロング・ヒットとなった。**「愛は勝つ」**は、そのメッセージ性の強い歌詞や祝祭的なアレンジの妙によって評価されることは当然かもしれないが、KANの本質はこの曲だけにとどまらない。稀代のメロディメイカーとしての才能が、溢れんばかりにアルバムの隅々に詰め込まれているのである。

とりわけ、アップ・テンポで少しコミカルなシンセ・ポップ**「恋する二人の834㎞」**、少しノスタルジックで甘酸っぱいイメージの**「青春国道202」**、ダンサブルなビートを取り入れた**「Happy Birthday」**、オールディーズ風のコーラスが印象的な**「ぼくたちのEaster」**などで耳に残るフレーズがたっぷりと味わえる。

また、KANといえば〝和製ビリー・ジョエル〟などと言われることも多い。詩情に満ちたピアノ・チューン**「けやき通りがいろづく頃」**や、ラストを飾る切ないバラード**「君が好き胸が痛い」**が代表的な楽曲だが、究極の一曲が8分を超える大作**「1989（A Ballade of Bobby & Olivia）」**だ。ピアノの弾き語りで始まりドラマティックな展開で曲調が変化し、その上で過去の失恋を歌い上げていく。ビリー・ジョエルの「ピアノ・マン」や「イタリアン・レストランで」を思わせるスケールの大きさは、彼の才能を最大限に表現したナンバーと言い切ってもいい。

「愛は勝つ」のヒットで隠れがちではあるが、KANの本質はウィットに富んだ歌詞と良質のメロディを歌うピアノ・マンである。その後も良作を多数残しており、ここで見せたシンガー・ソングライターとしての魅力はまったくぶれることはない。

JITTERIN' JINN

ジッタリン・ジン

パンチアウト

1990年9月12日発売
BODY

01. くわえたばこのブルース
02. あまのじゃく
03. Don't let me down
04. ひっこし
05. ウォー ウォー ウォー
06. 夏祭り
07. 昼下がり
08. バイ バイ ハニー
09. にちようび

2ビートの音楽をお茶の間にまで広め、後継のパンクやスカのバンドマンに大きな影響を与えた

軽快な2ビートに乗せて、ハイトーンの声で他愛もない恋愛模様を歌う。音楽的に高度なのに、親しみやすくポップでノリがいい。これまでのロックやパンクのハードなイメージとは大きくかけ離れたJITTERIN'JINNは、熱烈なファンが多いことでも知られている。ヴォーカルの春川玲子、ギターの破矢ジンタ、ドラムスの入江美由紀、ベースの浦田松蔵という4人で1986年に結成し、1989年にオーディション番組『三宅裕司のいかすバンド天国』に出場したことで俄然注目を集めた。その直後にメジャー・デビューを果たし、「エヴリデイ」、「プレゼント」、「**にちようび**」、「**夏祭り**」と、1年ほどの間にヒット曲を連発するのだ。

本作は、メジャー・デビュー3作目となるオリジナル・アルバムで、彼らの代名詞となった「**にちようび**」と「**夏祭り**」という2曲のヒット・シングルを収めた代表作。「ハイサイおじさん」のメロディをイントロに引用し、沖縄音階をさりげなく取り入れたゴキゲンな「**にちようび**」は、彼らのライヴの楽しい雰囲気が伝わってくる。一方、2000年にガールズ・バンドのWhiteberryがカヴァーして大ヒットした「**夏祭り**」は、アップ・テンポでありながらほのかに日本情緒を感じることができる秀逸な一曲だ。この2曲だけでも、すべての詞曲アレンジを手掛けた破矢ジンタの才能がよくわかる。

シングル・ヒット以外も、楽しくてポップなナンバーが満載だ。コメディ映画のワンシーンを見ているようなカントリー・タッチの「**くわえたばこのブルース**」や、文字通りあまのじゃくな女性を歌った「**あまのじゃく**」など、男性目線の歌詞を春川玲子の高音ヴォイスで表現するのがとても新鮮。そこが、彼らの楽曲がシリアスでなく、どこか寓話的な味わいがある理由だろう。

音楽的にも、アップ・テンポの2ビートを存分に響かせると同時に、リズム・パターンを途中で変えてドラマティックに演出する「**ひっこし**」や、ピアノのみをバックに歌う異色作「**昼下がり**」などの変化球的な楽曲を差し込んでくるのも上手い。また、破矢ジンタがヴォーカルを取るスカ・ナンバーの「**ウォーウォー**」も、アルバムの中盤でいいアクセントになっている。

彼らの大きな功績は、2ビートの音楽をお茶の間にまで広めたことだけでなく、後続の若きバンドたちの目標になったことだ。特にパンクやスカのバンドマンたちへの影響は大きく、2000年代に人気を博したムラマサ☆やオレスカバンドなどはフォロワーの代表的存在といっていいだろう。「イカ天」の影響でヒットしただけだと思われがちなJITTERIN'JINNだが、豊かな音楽性を持っていたからこそ、長きにわたって評価され続けているのである。

岡村靖幸
オカムラヤスユキ

家庭教師
1990年11月16日発売
EPIC/SONY

01. どぉなっちゃってんだよ
02. カルアミルク
03. (E)na
04. 家庭教師
05. あの娘ぼくがロングシュート決めたら どんな顔するだろう
06. 祈りの季節
07. ビスケットLove
08. ステップUP↑
09. ペンション

岡村靖幸という一人の天才の脳内をこっそり覗いたような、不思議な魅力をたたえている通算4作目のアルバム

何から何まで、強烈でインパクトのある存在。岡村靖幸ほど好き嫌いが分かれるアーティストはいないかもしれない。1986年にシングル「Out of Blue」でデビューした当初から、圧倒的なソングライティングの能力を持ちながらも、アクの強いキャラクターで話題を呼んだ。

ただ、その個性をよりディープに進化させて本領を発揮したのは、3作目のアルバム『靖幸』(1989年)を制作したタイミングだろう。ポップながらもプリンスを思わせるエッジーなファンクを大胆に取り入れ、演奏やアレンジにおいてすべて自身で手掛けるようになったからだ。そして、その手法をさらに推し進め、自身のすべてをさらけ出したかのような作品に昇華したのが、4作目となる本作である。

その象徴的な一曲が、冒頭の「**どぉなっちゃってんだよ**」だ。タイトルからすでにインパクトがあるが、〝セクハラ上司〟や〝好みのギャル〟なんていうワードがバンバン出てくるストーリー性の高い歌詞や、刺激的なビートと音数の多い音圧高めのサウンドは、一般的なポップスの概念を軽々と超えている。プログラミングを駆使しているのにもかかわらず、無機質になることは一切なく、彼の肉体性がほとばしるように伝わってくるのも特徴だ。

この感覚は、カッティング・ギターとドライブ感のあるリズム・セクションのアンサンブルがファンキーな「**(E)na**」、いかがわしい雰囲気の歌詞を粘っこいヴォーカルで表現する「**家庭教師**」、クールだけれど語りを交えてどこか演劇的でもある「**ビスケットLove**」など様々な楽曲にも通底しているのだ。

ただ、こういった強烈なカウンターパンチのような楽曲だけでなく、ハッとするようなポップ・ナンバーも織り込んでくるのが彼の凄いところだ。語法は独特だがセンチメンタルな心情を見事に表現した名曲「**カルアミルク**」、ハンドクラップのイントロに乗って軽快に展開される「**あの娘ぼくがロングシュート決めたらどんな顔するだろう**」、美しいメロディでバラーディアとしての魅力を存分に披露するラスト・ナンバーの「**ペンション**」などは、メロディメイカー及びヴォーカリストとしてのプライドが見て取れる。こういった両輪で勝負できるところが彼の武器であり、熱狂的なファンを虜にする理由なのだろう。

当時、親友だった今は亡き尾崎豊が本作を聴いて「気持ち悪い」と感想を漏らしたというエピソードには頷けるが、岡村靖幸という一人の天才の脳内をこっそりと覗いたような不思議な魅力をたたえていることも抗えない。この後はどんどん寡作になっていくのも、ここでいったん燃え尽きてしまったため、リセットするのに時間がかかったのではないかと推察される。それほどまでに強力な作品として、90年代のJ-POP史に燦然と輝く一枚なのだ。

1991

TREE
CHAGE&ASKA
JAPAN
HIS
EXTROPY PRODUCTIONS
LOVE! LOVE! & LOVE!
TSUYOSHI NAGABUCHI

山下達郎

ヤマシタタツロウ

ARTISAN

1991年6月18日発売
MOON

01. アトムの子
02. さよなら夏の日
03. ターナーの汽罐車 -Turner's Steamroller-
04. 片想い
05. TOKYO'S A LONELY TOWN
06. 飛遊人 -Human-
07. SPLENDOR
08. MIGHTY SMILE（魔法の微笑み）
09. "QUEEN OF HYPE" BLUES
10. ENDLESS GAME
11. GROOVIN'

まさしくアルチザンの技を堪能できる珠玉のポップス群で成立した90年代の代表作

アルチザン＝職人。これほどまでに山下達郎の資質を明確に言い表した言葉はないかもしれない。セールスに惑わされることなく、関わる音楽のすべてに自らが責任を持ち、時代の空気を読みながらも決して迎合することなく、質の高いポップ・ミュージックを作り上げてきた。その姿勢はまさに職人気質といえるもので、有無を言わせない圧倒的な説得力は、ジャンルを超えて多くのミュージシャンからもリスペクトされている。

彼のスタンスは、1975年にシュガー・ベイブの一員としてデビューした時から何ら変わっていないだろう。その後ソロになっても一切の妥協をせずに数々の名盤を作り上げてきたことは間違いなく、そのどれもが先達のポップスやソウル・ミュージックの影響を大いに享受し、山下達郎にしかできないフィルターを通してアウトプットしているのだ。ただ、細かな音楽的側面で捉えると、バンド・サウンドが主軸にあった

80年代初頭までと、プログラミングを駆使し始めた80年代半ば以降では若干質感が変化している。タイアップ作品が多くなったことも影響してか、グルーヴに重心が置かれていた感があるそれまでの作品から、カラオケにも対応し得る歌モノへとシフトしたような印象があるかもしれない。『POCKET MUSIC』（1986年）や『僕の中の少年』（1988年）を経て90年代最初の作品として発表された本作にも、その傾向は感じられる。

シングル・ヒットとなった「**ENDLESS GAME**」と「**さよなら夏の日**」は、山下達郎のいわゆるヴォーカリストとしての魅力を存分に味わえるナンバーだ。マイナー調のメロディを切々と歌い上げたドラマ主題歌の前者と、爽快なコーラスワークの中にも切なさを盛り込んだCMソングの後者は、タイプこそ違えども彼の歌い手としての矜持を見せつける楽曲だ。一方で、圧倒的な迫力のドラミングが主軸のリズムに乗せた「**アトムの子**」やドライブ感を重視したアンサンブルが心地良い「**ターナーの汽罐車-Turner's Steamroller-**」などは、バンドマンとしての彼の志向性が表れているように思う。

また、カヴァー曲が2曲収められているのは、彼の音楽ラヴァーとしての資質を表している証拠だ。トレイドウインズの「New York's A Lonely Town」を翻案した「**TOKYO'S A LONELY TOWN**」とラジオ番組のエンディングでも使用されているヤング・ラスカルズの「**GROOVIN'**」は、いずれもオリジナルへのリスペクトがにじみ出たもの。こういったところもファンを虜にする要素であり、職人と言いたくなる理由でもあるのだ。

よく言われる完璧主義なアーティストというのは間違いないだろうし、ついつい蘊蓄を語りたくなるのもわかる。しかし、ここにあるのはあくまでも音楽愛に裏打ちされた珠玉のポップス群だ。まさしくアルチザンの技を堪能できる90年代の代表作である。

ビブラストーン

ビブラストーン

ENTROPY PRODUCTIONS

1991年7月3日発売
PONY CANYON

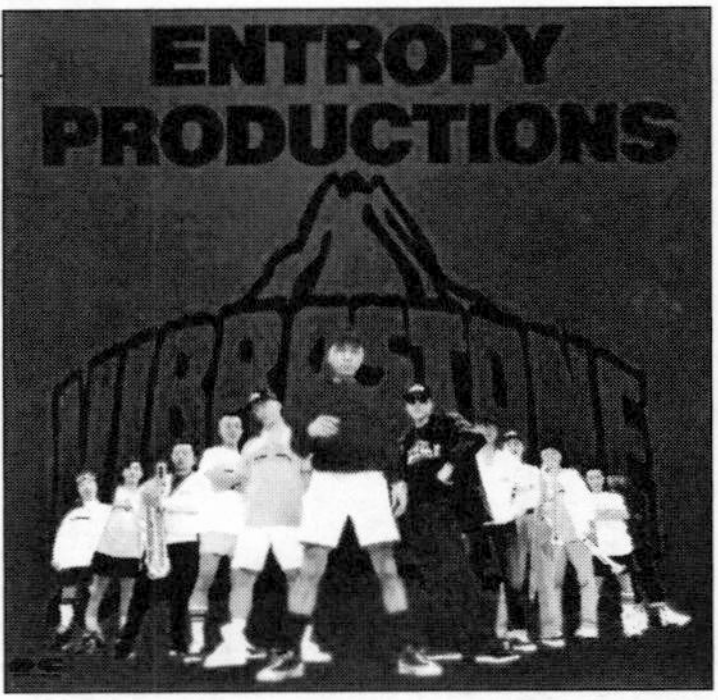

01. ジェット・コースター
02. コマーシャル・スター
03. 調子悪くてあたりまえ
04. パブリック・エネミー
05. 一日中ボケーッ
06. MIKKY-D
07. 金っきゃねぇ
08. 3ナンバー
09. 人間バーベキュー

一概にヒップホップということで片付けられない
痛烈で痛快な怪作

ヒップホップが日本の音楽ファンに浸透し始めたのは、80年代の半ば。Run-D.M.C.の「Walk This Way」（1986年）が世界中で大ヒットした頃からだが、その影響をダイレクトに受けてラップを始めたのが近田春夫だ。彼は70年代初頭の日本語ロック黎明期から活動しているミュージシャンであり、ソロやビブラトーンズ名義で力作を多数発表していたが、1986年に突如ヒップホップ専門レーベルのBPMを設立。President BPMを名乗ってラッパーとしての活動を始めた。そして、その経験を生かした上で、1988年に人力ヒップホップ・バンドのビブラストーンを結成。一発録りのライヴ・アルバム『Vibra is Back』（1989年）で鮮烈に登場するのである。

ビブラストーンのメンバーは、いわゆるストリート・シーンから出てきたヒップホップ・クルーではなく、キャリアを積んだミュージシャンの集団だった。それがまた唯一無二の肉体派ヒップホップを作り上げることができた理由だろう。近田春夫とはビブラトーンズでずっと組んでいたギターの岡田陽助とベースの沖山優司、解散したJAGATARAからギターのOTO、そしてMCのDr.Tommy、サックスの佐藤公彦、キーボードの渡辺貴浩、ドラムスの横銭ユージ、パーカッションのNOGERAが参加。これに3人のホーン・セクションを加えた大所帯のバンド構成で、ターンテーブルだけをバックにラップするヒップホップ・グループとは一線を画していた。

よって、ビブラストーンは2人のMCがフロントにいるとはいえ、サウンド面では完全にハードコアなファンクである。ジェームス・ブラウンのJB'sやパーラメントを彷彿とさせる骨太のファンク・サウンドをベースに、ストイックかつグルーヴィーなビートを刻んでMCをサポートするというスタイルは類がなく、異色の存在だった。

さらに特筆すべきは、痛烈なメッセージを込めたライムの数々だ。メジャー第一作の本作では、タレントや広告代理店を揶揄した「**コマーシャル・スター**」、テレビをはじめとするメディアへの批判を込めた「**調子悪くてあたりまえ**」、バブル経済への警鐘ともいえる「**金っきゃねぇ**」、世界情勢にも目配せした「**3ナンバー**」、そして一言ひとことが痛烈に刺さってくる「**人間バーベキュー**」と、とにかくここまで言うのかと思わせるメッセージが豪快に吐き出される。ところどころピー音で消されているほど過激な内容がてんこ盛りだが、音楽としては一緒に歌ってしまうくらい非常にキャッチーなのも計算通りなのだろう。

ちなみに、数曲で聴こえる女性の声は小泉今日子だということも、近田春夫だからこそ可能な演出。一概にヒップホップということで片付けられない痛烈で痛快な怪作は、いつまでも古びることなく、ナイフのような切れ味を保ったままリスナーに届くはずだ。

フリッパーズ・ギター

フリッパーズ・ギター

DOCTOR HEAD'S WORLD TOWER ‒ヘッド博士の世界塔‒

1991年7月10日発売
POLYSTAR

01. Dolphin Song
02. Groove Tube
03. Aquamarine
04. Going Zero
05. (Spend Bubble Hour in Your) Sleep Machine
06. Winnie-the-Pooh Mugcup Collection
07. The Quizmaster
08. Blue Shinin' Quick Star
09. The World Tower

本作のサウンドには膨大なサンプリングが施され、彼らの出自であるバンド・サウンドを惜しげもなく捨て去った

90年代の大きなムーヴメント〝渋谷系〟。タワーレコードやHMVといった外資系CDショップ、特に渋谷エリアで偏って売れているアーティストの総称だったが、フリッパーズ・ギターはその発端といえるだろう。〝渋谷系〟という呼び名はアーティストサイドから見るとあまり歓迎されないネーミングのようだったが、リスナーにとっては大衆的な音楽とは少し角度の違う尖がったポップスを聴いているというステイタスでもあった。彼らのフォロワーたちは、セントジエームスのボーダーシャツとベレー帽を身に着けたおしゃれな若者たちが中心であり、音楽もまたファッショナブルなものだった。

フリッパーズ・ギターは、小山田圭吾と小沢健二が在籍したことで知られるバンドだ。1989年に全編英語詞のファースト・アルバム『three cheers for our side～海へ行くつもりじゃなかった』でメジャー・デビューした際は5人組だったが、直後に3人が脱退。

小山田圭吾と小沢健二のデュオとなり、日本語で歌ったセカンド・アルバム『CAMERA TALK』を1990年にリリースした。ここまではいわゆるネオアコといわれる80年代のUK発ギターポップに影響を受けたサウンドだったが、3作目となった本作では大きく舵を切り、90年代の同時代のUKサウンド、いわゆるクラブ・ミュージックとバンド・アンサンブルが融合したUKロックへのシンパシーが大いに表現されていた。

それにしても本作はとにかくクールながらも壮絶な作品である。というのも、サウンドには膨大なサンプリングが施され、もはや彼らの出自であるバンド・サウンドを惜しげもなく捨てているからだ。冒頭の「DOLPHIN SONG」からビーチ・ボーイズとバッファロー・スプリングフィールドが大胆に引用され、往年のポップ・ミュージックの再構築に挑んでいる。オールディーズ、ソフトロック、ソウル、ファンク、ジャズ、サントラといった有名無名問わず使えるものは使うというくらいのスタンスで、ありとあらゆる音楽が容赦なくズタズタに切り刻まれ、彼らがクリエイトする音楽の素材になっている。さらに、過去の音源だけでなく、プライマル・スクリームやマイ・ブラッディ・ヴァレンタインといった同時代の最新の音楽までもフィーチャーすることで単なるレトロ志向ではないサウンドに仕上がっているのだ。しかし、アレンジ面での大胆さと引き換えに、あくまでもメロディはポップであることにこだわり、しかもダンサブルにまとめているところに、彼らの強いアイデンティティを感じさせてくれる。

ただ、ここまでやり切ったことはグループが終焉に向かった理由でもある。本作リリースの数か月後にはあっけなく解散。およそ2年後に小沢健二はソロ活動を開始し、少し遅れて小山田圭吾はCorneliusと名乗って再デビュー。新たな伝説を作り始めるのである。

ORIGINAL LOVE

オリジナル・ラヴ

LOVE! LOVE! & LOVE!

1991年7月12日発売
EASTWORLD

DISC. 1
01. BODY FRESHER
02. BLUE TALK
03. DEEP FRENCH KISS
04. GIANT LOVE
05. SWEAT AND SUGAR NIGHT
06. FAT LOVE STORY
07. TIME
08. LET'S SPEND THE NIGHT TOGETHER

DISC. 2
01. LOVE VISTA
02. WITHOUT YOU
03. I WANT YOU
04. DARLIN'
05. JUMPIN' JACK JIVE
06. LOVE SONG
07. ORANGE MECHANIC SUICIDE

本作で試みたグルーヴィーな感覚は、“渋谷系”と呼ばれる90年代サウンドの象徴

90年代のJ－POPを象徴するキーワードに、〝グルーヴ〟という言葉がある。いわゆる縦ノリではない横揺れ的なリズム感覚のことである。ソウル、ファンク、ジャズなどがJ－POPに取り込まれるということは、80年代以前もそれほど珍しいことではなかったが、90年代以降にアシッド・ジャズの影響やDJカルチャーが浸透することでトレンドとなりデフォルトになっていった感がある。そんな〝グルーヴ〟を感じさせる代表的なアーティストがオリジナル・ラヴだ。

彼らの変遷は少しばかりユニークである。田島貴男を中心にレッド・カーテンというバンドが1985年に結成され、2年後にオリジナル・ラヴへと改名。1988年に田島貴男はピチカート・ファイヴへ加入し、ソウルフルな声を生かして2つのグループを掛け持ちすることになる。しかし、1990年にはピチカート・ファイヴを脱退。メジャー・デビューの準備が始まり、田島貴男以下、ギターの村山孝志、ドラムスの宮田繁男、キーボードの木原龍太郎、サックスとフルートの森宣之というメンバーに、サポート・ベーシストの井上富雄を加えて精力的に活動していく。

本作はオリジナル・ラヴの記念すべきメジャー・デビュー作であり、2枚組というボリュームに田島貴男の圧倒的な才能とセンスが目いっぱい詰め込まれている。ジャズ、ソウル、ラテン、ブルースといったこの当時ではかなりヒップな感覚に捉えられていたジャンルを貪欲に盛り込んだポップ・ソングの数々は、いわゆるメインストリームのJ－POPとは明らかに差別化されていた。特に、ニュー・ソウルやスウィート・ソウルに影響を受けたナンバーは、田島貴男という稀有なヴォーカリストを知るにはうってつけの楽曲群だろう。歌詞ともどもスウィートな「**DEEP FRENCH KISS**」、アル・グリーンの名曲を彷彿とさせる「**SWEAT AND SUGAR NIGHT**」、12分を超えるマーヴィン・ゲイ風の「**LOVE VISTA**」などは、演奏も含めて彼らの真骨頂といってもいい。そしてこの路線は、後に「接吻 kiss」（1993年）の大ヒットにつながるのである。

他にも、4ビートのジャジー・ポップ「**BODY FRESHER**」、躍動感にあふれた「**LET'S SPEND THE NIGHT TOGETHER**」、キャブ・キャロウェイのようなジャンプ・ブルースの「**JUMPIN' JACK JIVE**」、アーシーでブルージーな「**LOVE SONG**」など、彼らのハイセンスな音楽性をフルに生かしたナンバーがたっぷりと詰め込まれている。そのいずれもが、けっして懐古趣味ではなく、パンクに通じる衝動性やエモーションを感じさせてくれるのが新鮮だ。

オリジナル・ラヴはその後もどんどん進化し、時にはロックやクラブ・ミュージックにも接近しながら、常に新しい試みをしていった。そして、このデビュー作で試みたグルーヴィーな感覚は、〝渋谷系〟と呼ばれる90年代のサウンドの象徴となるのである。

HIS
ヒズ

日本の人

1991年7月19日発売
EASTWORLD

01. HISのテーマ
02. パープル・ヘイズ音頭
03. 夜空の誓い
04. 逢いたくて逢いたくて
05. 渡り鳥
06. 500マイル
07. 恋人はいない
08. おやすみ もうすぐ逢える
09. スキー・スキー（スキーなの）
10. 恋のチュンガ
11. ヤングBee
12. セラピー
13. アンド・アイ・ラヴ・ハー
14. 日本の人

細野晴臣、忌野清志郎、坂本冬美という異色ユニットによる、“本気の遊び”を堪能できるアルバム

H＝細野晴臣、I＝忌野清志郎、S＝坂本冬美。3人合わせてHIS。なんとも異色の組み合わせであり、企画色の強いユニットである。始まりは、細野晴臣が1990年のローリング・ストーンズ来日公演で楽屋を訪問する際に、自分よりも詳しい人物が必要とのことで、忌野清志郎が同行。それまでは面識がなかったそうだが、一気に親交が深まった。一方、坂本冬美はRCサクセションの1988年のアルバム『COVERS』にゲスト参加していたことが布石となり、1990年の東芝EMI主催のライヴ・イベント「ロックの生まれた日」に忌野清志郎、三宅伸治、坂本冬美の3人によるSMIというユニットが結成される。こういった様々なコラボレーションが発展してHISにつながったというのが面白い。

細野晴臣は当時アンビエント・ミュージックや民族音楽に傾倒しており、忌野清志郎はRCサクセションを休止させてソロ・アーティストとしての方向性を探っていた。そして1987年にデビューした坂本冬美は、演歌歌手としての人気と実力が急上昇していた。それぞれまったく違うベクトルに向かっていたにもかかわらず、期間限定のユニットならではのユニークな作品を作り上げたのである。

本作にはオリジナル曲が9曲、カヴァー曲が5曲収められている。プロデューサーとしての立ち位置は細野晴臣が担い、忌野清志郎と坂本冬美はヴォーカリストとしてフロントに立つような演出がなされているのが成功のカギと言えるだろう。

古い映画のオープニングを思わせるノスタルジックなサウンドに乗せた「**HISのテーマ**」に始まり、ジミ・ヘンドリックスの名曲をクレイジー・キャッツ風味をまぶして大胆にアレンジした「**パープル・ヘイズ音頭**」につなげていくのだが、どこまでが冗談でどこまでが本気なのかがよくわからないシュールな面白さがある。とりわけカヴァーに関しては変化球が多く、園まりの60年代のムーディーなヒット曲を再構築した「**逢いたくて逢いたくて**」、ピーター・ポール&マリーなどで知られるスタンダードをリズムマシンに乗せて淡々と歌う「**500マイル**」、ペレス・プラード楽団のラテン・ナンバーに日本語詞を付けて小林旭がカヴァーした楽曲をさらにカヴァーした「**恋のチュンガ**」とともにかくユニーク。そしてビートルズの名曲「**アンド・アイ・ラヴ・ハー**」を切々と歌い上げる坂本冬美の素晴らしさは筆舌に尽くしがたいものがある。

一方、シングル・カットされた「**夜空の誓い**」や「**日本の人**」といった和洋折衷感のあるオリジナル楽曲も彼らの個性を生かして作られており、3人の本気の遊びが味わえる。本作は話題性もあってヒット作となり、学生服姿でテレビ出演するなど音楽ファンを存分に楽しませてくれた。90年代ならではの贅沢な企画ユニットだったのである。

小泉今日子

コイズミキョウコ

afropia

1991年7月26日発売
ビクターエンタテインメント

01. 君はSunshine
02. 夜を駆けぬけて
03. あなたに会えてよかった
04. プロセス
05. AFROPIA
06. あなたがいた季節
07. 最後のKiss
08. Endless...
09. 休日の過ごし方
10. 君に届くかな？
11. 風になりたい
12. 海を見ていた

いわゆる"花の82年組"の究極のアイドルが、クリエイティヴな感性を全開に出した傑作

〝なんてったってアイドル〟と歌っていただけあって、キョンキョンこと小泉今日子は、究極のアイドルだった。いわゆる〝花の82年組〟と呼ばれたメンツのなかでも特に人気が高く、80年代には挙げきれないほどのヒット・ナンバーを残している。しかし、女優業を本格化させた80年代末からは、彼女の音楽面でのスタンスがじわじわと変化。なかでも近田春夫がプロデュースし、ハウスなどのクラブ・ミュージックを大胆に取り入れたシングル「Fade Out」とアルバム『KOIZUMI IN THE HOUSE』（1989年）における先鋭性は、もはやアイドルの域を超越したものだった。このあたりからアーティストとしての小泉今日子のセンスが一気に開花するのである。

本作は藤原ヒロシ、屋敷豪太、ASA-CHANGの3人をプロデューサーに迎えた『No.17』（1990年）に続くアルバムで、その延長線上に位置付けられる作品だ。とはいえ、明確なコンセプトのようなものはなく、何よりも大ヒット・ナンバー「**あなたに会えてよかった**」を収めたアルバムとして、一般的には認識されている。この曲は彼女が主演したドラマ『パパとなっちゃん』の主題歌で、自身初のミリオン・ヒットを記録。彼女が作詞を手掛け、サザンオールスターズのサポートなどで引っ張りだこだった小林武史が作曲とアレンジを担当したこともヒットの大きな要因だ。とにかく憂いのあるヴォーカルでフックが効きまくったメロディを歌い上げるこの曲は、間違いなく彼女の代表曲といえるだろう。

ただ、アルバムに関して言えば、この路線はあくまでもこの一曲だけで、全体的には当時のキョンキョンならではの人脈を生かしたスタイリッシュな内容である。キーマンとなるひとりが元JAGATARAのギタリストであるEBBY。リラックスしたムードの「**君はSunshine**」、トロピカルなサウンドを取り入れた「**夜を駆けぬけて**」、ロマンティックで少し切ない「**最後のKiss**」という3曲で、まったりとした空気感をうまく醸し出しており、最先端の尖ったキョンキョンとはまた違うイメージを作り上げることに成功している。同じく元JAGATARAでビブラストーンのギタリストでもあるOTOによるアフロ・ポップ風の「**AFROPIA**」や、前作からの流れで藤原ヒロシが手掛けたアンビエントっぽい「**Endless...**」、藤井尚之が作曲し、宮崎泉と朝本浩文がアレンジしたラヴァーズ・ロック「**風になりたい**」など、最先端の人脈を駆使しつつも、チルアウトな感覚で聴けるのが面白い。そして、それまでのアイドルにあった歌謡曲的な湿っぽさが一切無いことも特徴だろう。

さらに言えば、ほぼ全曲の歌詞をキョンキョン自身が手掛けており、パーソナルな作品であることも大きなポイントだ。女優としても多忙を極めながら、クリエイティヴな感性を全開にして制作した本作は、後の彼女にとっても非常に重要な一枚である。

槇原敬之

マキハラノリユキ

君は誰と幸せなあくびをしますか。

1991年9月25日発売
WEA MUSIC

01. どんなときも。
［インストゥルメンタル・ヴァージョン］
02. 僕の彼女はウェイトレス
03. AFTER GLOW
04. Necessary
05. 満月の夜
06. EACH OTHER
07. ひまわり
08. CALLIN'
09. 3月の雪
10. 僕は大丈夫
11. どんなときも。

歌や楽曲だけでなく、アレンジやサウンドまで自身でコントロールできるという天才性を見せつけた

ストーリーテラーであり、メロディメイカーであり、サウンド・クリエイターでもある。槇原敬之ほどバランスの取れたアーティストは、そうそう存在しないだろう。しかも何曲もの大ヒットを放っており、国民的歌手といってもいい知名度を誇っている。もちろん好き嫌いはあるかもしれないが、彼の才能は誰もが認めざるを得ないはず。そして、その才能を世に知らしめることになったのが、本作の先行シングルとなった「**どんなときも。**」である。この曲は彼にとって3枚目のシングルとして発表され、映画『就職戦線異状なし』の主題歌として初の大ヒットを記録し、一躍トップ・アーティストに躍り出たのだ。

アマチュア時代から、槇原敬之の才能は突出していた。高校生の時に坂本龍一がパーソナリティーを務めるNHK-FMの名物番組「サウンドストリート」のデモテープコーナーに応募し、大絶賛されたというエピソードは有名だ。その後、オーディションでグランプリを獲得した彼は、1990年に満を持してデビュー。その翌年には『紅白歌合戦』にも出場し、ミリオンヒットを持つシンガーへと急成長するのである。

本作は「**どんなときも。**」のヒットを受けて制作されたセカンド・アルバムということもあり、オープニングはこの曲がクラシカルにアレンジされたインストゥルメンタルからスタートする。そして同曲で締めくくるまでの全11曲は、とにかくメロディアスでハイクオリティのポップスが並んでいる。ダンサブルなトラックに乗せて軽快なラブソングに仕上げた「**僕の彼女はウェイトレス**」から、とにかくメロディの構築力が半端ない。サビで盛り上げるのはもちろんだが、どこか余韻を耳に残すような展開はまるで手練れの職業作曲家のようでもある。とりわけ、ミディアム・スローの「**Necessary**」や「**EACH OTHER**」、そして名バラードの「**僕は大丈夫**」といったじっくり聴かせるナンバーにおける情緒に満ちた旋律は見事。しかも、あの真っ直ぐなヴォーカルだからこそ、切なくもほっこりするような歌詞の世界観がキャッチーなメロディと共に映えるのだ。

もうひとつ特筆しておきたいのは、彼のアレンジ能力である。デビュー作『君が笑うとき君の胸が痛まないように』（1990年）では西平彰が共同アレンジャーで参加していたが、ここではオーケストラを使った2曲で服部克久が関わっている以外は基本的に単独での編曲だ。坂本龍一直系といってもいいYMO以降のテクノポップの流れをくむプログラミング・サウンドを基調にしながら、往年のロックやR&Bなどのエッセンスを絶妙に取り入れたアレンジは適度なきらびやかさがあり、うるさすぎないところも好感度が高い。いずれにせよ、歌や楽曲だけでなくアレンジやサウンドまで自身でコントロールができるという、天才的なクリエイターだからこそ、槇原敬之は成功し評価されたのである。

CHAGE&ASKA

チャゲアンドアスカ

TREE

1991年10月10日発売
AARD-VARK

01. 僕はこの瞳で嘘をつく
02. SAY YES
03. クルミを割れた日
04. CAT WALK
05. 夜のうちに
06. MOZART VIRUS DAY
07. 誰かさん ~CLOSE YOUR EYES~
08. 明け方の君
09. CATCH & RELEASE
10. BAD NEWS GOOD NEWS
11. BIG TREE
12. tomorrow

ビッグ・ヒットを軸にしながらも、彼らの魅力を存分に表現することに成功した圧倒的な作品

まだ〝お茶の間ヒット〟なんていう言葉が有効だった90年代を代表する大ヒット・ナンバー「**SAY YES**」。フジテレビ系のいわゆる「月9」ドラマ『101回目のプロポーズ』の主題歌として280万枚を超える売り上げを記録し、この曲によって一躍CHAGE&ASKA（※当時のアーティスト表記）はトップ・アーティストの座に君臨するのである。

とはいえ、彼らは1979年にデビューして以来、数々のヒットを持つ。「万里の河」（1980年）の頃はフォーク・デュオのようなイメージがあったが、「MOONLIGHT BLUES」（1984年）あたりから急激にロックやポップス色が濃くなり、レコード会社移籍後の「モーニングムーン」（1986年）で新しい方向性を決定付けた。その後も「恋人はワイン色」（1988年）や「DO YA DO」（1990年）などコンスタントに代表曲を生み出し、究極のロッカ・バラード「**SAY YES**」につながるのである。

14作目のオリジナル・アルバムである本作は、シングル同様に大ヒットした作品であり、音楽的にも大きなピークを迎えたタイミングで制作した彼らの代表作である。後にシングル・カットされたビートロック風のオープニング・ナンバー「**僕はこの瞳で嘘をつく**」、ジャジーかつムーディーで少し色っぽい歌詞の「**CAT WALK**」、マージー・ビートの影響を感じさせるドライブ感に溢れたロックンロール「**MOZART VIRUS DAY**」とアルバムの前半だけでもCHAGEとASKAそれぞれのソングライティング能力とヴォーカル・センスの違いが聴き分けられる楽曲が揃い踏みで、彼らの充実度が存分に伝わってくる。メイン・ヴォーカルはASKAの少し鼻にかかったようなウエットな歌声であることは確かだが、ここぞとばかりにCHAGEのシャウトやコーラスが響くバランスが見事で、一気にテンションが上がるのだ。

この時期の彼らの作品は、楽曲そのものはもちろんサウンド面もポイントになっており、参加アレンジャーの手腕が作品の出来に影響しているのは間違いない。十川知司、村上啓介、澤近泰輔など複数のアレンジャーが参加しているが、いずれもツアー・メンバーとしても勝手知った仲間であることは大きいだろう。参加ミュージシャンのメンツも豪華で、エモーショナルなメロディを生かしたゴージャスなバンド・サウンドの「**明け方の君**」から、シンセサイザーとプログラミングを大胆に取り入れた「**CATCH & RELEASE**」まで、どんなアレンジにも対応できることによって音楽性の豊潤さをアピールすることができている。

ただやはり「**BIG TREE**」のような雄大なハーモニーとメッセージが、この当時のCHAGE&ASKAのパブリックイメージだ。本作はビッグ・ヒットを軸にしながらも、彼らの良さを存分に表現することに成功した圧倒的な作品なのである。

B'z
ビーズ

IN THE LIFE

1991年11月27日発売
BMG Victor

01. Wonderful Opportunity
02. TONIGHT (Is The Night)
03. 『快楽の部屋』
04. 憂いのGYPSY
05. Crazy Rendezvous
06. もう一度キスしたかった
07. WILD LIFE
08. それでも君には戻れない
09. あいかわらずなボクら
10. ALONE

"B'zらしいロック"が最初の絶頂期を迎えた、彼らのスケール感を象徴するアルバム

日本でもコンサートの規模がどんどん大きくなっていくに伴って、そのスケールに似合うロック・バンドも多数登場してきた。1988年に東京ドームで解散コンサートを行ったBOØWYはその先駆けだろうが、B'zはその後の巨大化していったライヴ・シーンを体現したアーティストの究極と言っていいかもしれない。当時の洋楽でたとえるなら、エアロスミスやボン・ジョヴィなどがお手本になっていたと思われるが、彼らはあくまでも2人組のユニットであることにこだわったことが画期的だった。

B'zの成り立ちは、他のビーイング系バンドと同様、非常にスピーディーな展開で進んでいったという。TM NETWORKや浜田麻里などのサポート・ギタリストでソロ活動も行っていた松本孝弘が、すでにビーイングに所属してデビューの準備を進めていた稲葉浩志のデモテープを聴き、即座にユニットを組むことを決定。1988年5月に出会って4か月後の9月にメジャー・

デビューを果たしているという素早さに驚かされる。そして1989年発表のミニ・アルバム『BAD COMMUNICATION』がロング・ヒットとなり、大ブレイクへと向かっていくのだ。

最初の絶頂期を迎えた時期に発表された本作は、初期の〝ハードロックとデジタルの融合〟というコンセプトからさらに発展した5作目のフル・アルバムである。初動でミリオン・セールスを実現させ、年間ベストでも2位になるなど、名実ともにトップ・アーティストとなった記念碑的な作品と言えるだろう。初めてミリオン・セールスとなった前作のアルバム『RISKY』は強烈なデジタル・ビートにハードなギターを乗せる印象だったが、本作はもう少し生音志向のダイナミックなバンド・サウンドへと変化している。大黒摩季がコーラスで参加したシャッフル・ビートの「**Wonderful Opportunity**」で幕を開け、切ないメロディとフュージョン・テイストのアレンジが大人っぽい「**TONIGHT (Is The Night)**」、アメリカン・ハードロック風の雄大なロッカ・バラード「**憂いのGYPSY**」、ストレートかつハードなロック・ナンバー「**WILD LIFE**」など、バラエティの幅広さもこれまでより深まっているように感じられる。

なかでも耳に残るのは、「**もう一度キスしたかった**」だ。オリエンタル風味を感じさせるメロディアスな楽曲で、ハードなギターと繊細なキーボードが同居したアレンジも秀逸。転調を生かした構成が非常に巧妙なラブソングに仕上がっており、この独特の哀愁感はB'zの持ち味と言っていいだろう。また、先行シングル「**ALONE**」もスタジアム映えするパワー・バラードで、彼らのスケール感を象徴する一曲だ。

デビュー以来着実に〝B'zらしいロック〟を徐々に形作ってきたが、本作で着実にステップアップしている。そして、その後彼らはさらに巨大化していくのだ。

長渕剛
ナガブチツヨシ

JAPAN
1991年12月14日発売
Express

01. JAPAN
02. 俺の太陽
03. しゃぼん玉
04. 炎
05. I love you
06. 何ボの者じゃい!
07. 親知らず
08. BAY BRIDGE
09. 気張いやんせ
10. シリアス
11. 東京青春朝焼物語
12. MOTHER

バブル経済が終焉を迎えようとする頃、時代が欲していたのは、長渕剛の嘘偽りのない魂の叫び

骨太で個性が強いが、実はジャンルにくくり切れない唯一無二の存在。長渕剛に対してそういった思いを抱くリスナーは多いはずだ。70年代末にデビューした当初は吉田拓郎のフォロワー的な印象が強く、「巡恋歌」、「順子」、「乾杯」といった初期の代表曲は、アコースティック・ギターを中心にしたサウンドに乗せて歌っており、いわゆるフォーク・ソングに分類される楽曲が多い。

しかし、80年代半ばからは歌唱法も変化し、唸り声にも似た低音ヴォイスや独特のしゃくりあげる唱法を多用するようになる。また、サウンド面ではブルース・スプリングスティーンのようなアメリカン・ロックの要素が大幅に取り入れられていくため、どちらかというとロック・スターという側面が強くなっていった。とはいえ、ほぼギターのみで弾き語った『STAY DREAM』(1986年)のような作品もあるので、一概にロックへ転向したとも言い難いのが彼のユニークなところだろう。また、テレビドラマ『家族ゲーム』に代表されるように、俳優としても人気を得るようになったことで、自身が出演するドラマや映画の主題歌をヒットさせるというパターンが増えていったのもこの時期の特徴だ。

通算13枚目のオリジナル・アルバムである本作は、名タッグとなりつつあった瀬尾一三をアレンジャーに迎え、ロサンゼルス録音を敢行している。ここに収められたミリオン・ヒット・シングル**「しゃぼん玉」**も、自身が主演した同名ドラマの主題歌だ。ピアノやアコースティック・ギターを効果的に取り入れたダイナミックなアメリカンなサウンドに乗せて、淡々としながらも切々とした気持ちを歌い上げている。憂国がテーマの表題曲**「JAPAN」**や、強烈な言葉を羅列する**「俺の太陽」**のような力強いメッセージ・ソングが目立つためか、どこかマッチョなイメージが付いて回っているかもしれないが、実はそれだけではない。アダルトな雰囲気を醸し出すラブソング**「炎」**や、固有名詞を多数駆使した異色作**「I love you」**、ストーリーテラーとしての才能が溢れ出た**「東京青春朝焼物語」**などに、個性派シンガー・ソングライターとしての矜持を感じるのだ。

そして何より心に残るのが、ラストを飾る**「MOTHER」**である。認知症を患った実の母親のことを歌っており、優しさとあきらめが入り混じったような複雑な感情がにじみ出た一曲だ。まるで独白のように吐き出される言葉はあまりにも切実で、聴く者の気持ちを揺さぶってくれることだろう。しかも歌詞に〝しゃぼん玉〟という言葉をさりげなく入れ込んでおり、ヒット曲を収めた本作を象徴する一曲という解釈もできるのではないだろうか。バブル経済が終焉を迎えようとする頃、長渕剛の嘘偽りない魂の叫びを、時代が欲していたのである。

1992

THE BLANKEY JET CITY
BANG!
SING LIKE TALKING
Lefty in the Right
L-R
EAST ASIA
Quiet Life
Octave
DREAMS COME TRUE
Sometime Somewhere

THE BLANKEY JET CITY

ブランキー・ジェット・シティ

BANG!

1992年1月22日発売
Nonfixx

01. RAIN DOG
02. 冬のセーター
03. SOON CRAZY
04. ヘッドライトのわくのとれかたがいかしてる車
05. 絶望という名の地下鉄
06. とけちまいたいのさ
07. ★★★★★★★
08. クリスマスと黒いブーツ
09. BANG!
10. ディズニーランドへ
11. 二人の旅
12. 小麦色の斜面

ヒリヒリするような衝動性を音に置き換えたかのようなアンサンブルが主体の、通算2作目のアルバム

1989年から放送が始まり、バンド・ブームを牽引したオーディション番組『三宅裕司のいかすバンド天国』は、番組が終了する1990年末の間際には早くも視聴率が急落。「ブームは終わった」なんてこともまことしやかに噂され、出演者にもそれほど注目が集まらなくなってしまった。しかし、それでも実力あるバンドが続々と輩出されており、一歩抜きん出ていたのがTHE BLANKEY JET CITYだ。審査員から圧倒的な評価を受け、早々にメジャー・レーベルと契約。デビュー前には個性的なルックスを生かして、パリコレのモデルに起用されるほどだった。1991年にはアルバム『Red Guitar And The Truth』でデビューを飾るが、プロデューサーと意見が合わず納得いかない作品だったという。心機一転、土屋昌巳がプロデュースを手掛けてレコーディングに臨んだのが、2作目となる本作である。

THE BLANKEY JET CITYは、ヴォーカル&ギター

の浅井健一、ベースの照井利幸、ドラムスの中村達也というロック・バンドとしては最もシンプルなスリーピース・バンドだ。音楽的にも、この編成を生かしたガレージ・ロック的なサウンドではあるが、これが一筋縄ではいかない。ヒリヒリするような衝動性を音に置き換えたかのようなアンサンブルが主体で、決して性急なパンク的な表現になるのではなく、しっかりと計算されたアレンジが施されている。アマチュア時代のレパートリーを中心に収めたという本作も、ヘヴィなオルタナティヴ・ロックから、ネオ・ロカビリー風のハードなロックンロールまで変化に富んでいる。何よりも、浅井健一のヴォーカルが個性的で、アップ・テンポからミディアムまでゆるぎない表現力を見せつけてくれるのである。

音楽性のユニークさはもちろんだが、彼らの歌詞の世界観に魅了されたファンも多いことだろう。殺伐とした状況下で〝おばあさんが編んでくれたセーターを着なくちゃ〟と歌う「**冬のセーター**」、テネシー・ウィリアムズの戯曲『欲望という名の電車』からタイトルのヒントを得た「**絶望という名の地下鉄**」、過激な表現だったためにタイトルが差し替えられた「**★★★★★★**」、ノイローゼになった友人のことを歌った「**ディズニーランドへ**」といずれもどこかゾッとするような世界を描いており、架空の映画の中の出来事のように現実から浮遊している感覚が独特だ。その究極が夢と現実が交差するラスト・ナンバーの「**小麦色の斜面**」だろう。そしてこういった浅井健一の独自の美学に基づいた詞世界を、バンドが見事に音楽表現に落とし込んで昇華しているのだ。

ワン・アンド・オンリーのポジションを守り続けた彼らは、2000年に突如解散。90年代の浮かれた時代に対するカウンターとして、独自のロックを奏でながら疾走し、21世紀の到来とともに燃え尽きたのである。

小田和正

オダカズマサ

sometime somewhere

1992年1月25日発売
Little Tokyo

01. あなたを見つめて (INST)
02. 恋する二人
03. ふたつの奇跡
04. 思い出に変わるまで
05. あなたを見つめて／冬子のテーマ
06. 君に届くまで
07. 二人の夏
08. 風と君を待つだけ
09. いつか どこかで
10. 時に抱かれて／正木のテーマ

「ラブ・ストーリーは突然に」の後に本作を作りあげたことは、小田和正自身にとって非常に重要であった

チュクチュチューンという独特のギターのイントロから始まる小田和正の「ラブ・ストーリーは突然に」。フジテレビ系の「月9」ドラマ『東京ラブストーリー』の主題歌であり、発表した1991年当時ではシングルCDの売上最高記録を誇った90年代を代表する特大ヒット・ナンバーだ。オフコースとしては80年代にビッグ・ヒットがあったため、本格的にソロ活動を始めてからの小田和正は、まだまだ〝元オフコース〟のシンガー・ソングライターという評価しかなかったのが、一躍ソロ・アーティストとしてトップにランクされるようになったきっかけの重要曲でもある。

ベスト・アルバム『Oh! Yeah!』（1991年）をはさみ、大ヒットの後に届けられたアルバムが、4作目のオリジナル・アルバムとなる本作である。ただ、当時「ラブ・ストーリーは突然に」の延長線上の作品を期待して聴いたリスナーは肩透かしを食らったかもしれない。ミリオン・ヒット・アーティストとは思えないほど落ち着いた内容であり、しかも小田和正自身が監督として制作に携わった映画『いつかどこかで』のサウンドトラックとしての側面を持つアルバムだったのである。『いつかどこかで』は、小田和正にとっては長年の夢だったという初の映画監督作品で、桑田佳祐の『稲村ジェーン』（1990年）、石井竜也の『河童』（1994年）などと並ぶ音楽家による映画監督作の代表的な作品のひとつである。

映画のテーマ曲でもある「**あなたを見つめて**」のインスト・ヴァージョンで始まり、ドラマティックな「**君に届くまで**」のようにヴォーカル曲でもイントロ部分が長めの楽曲があるのは、やはり映画に即して制作されたからだろう。ビートルズを意識したアップ・テンポの「**恋する二人**」や少しラテンの香りを感じさせる「**二人の夏**」といった楽曲もあるが、全体的な印象はどちらかというと落ち着いたミディアムからスローな小田和正の十八番といえるバラード・ナンバーが充実した作品といっていいだろう。ブラック・コンテンポラリー風のサウンドが切なさを演出する「**ふたつの奇跡**」、エモーショナルなメロディの「**思い出に変わるまで**」、オフコース時代を彷彿とさせる「**風と君を待つだけ**」、弾き語りを基調にしたピアノ・バラードの「**時に抱かれて／正木のテーマ**」など、じんわりと心に沁みる楽曲が多い。また、佐橋佳幸、ネイザン・イースト、佐藤竹善といったレコーディング・メンバーの的確なサポートと、彼らを束ねた小田和正のアレンジ力も特記しておきたい。

映画と切り離せない内容ではあるが、オリジナル作品としても非常に完成度が高く、他のソロ・アルバムと比べても何ら遜色はない。むしろ、アルバム全体の統一感は確固たるものがあり、「ラブ・ストーリーは突然に」のヒット後に本作を作り上げたことは、後の小田和正にとっても非常に重要だったといえる代表作なのである。

SING LIKE TALKING

シング・ライク・トーキング

Humanity

1992年2月26日発売
FUN HOUSE

01. 飛べない翼
02. Hold On
03. 遥かな航海へ
04. Pray
05. With You
06. Rise
07. Sunday Afternoon
08. Slow Love Down
09. 感じるまま ~Humanity~
10. 追憶 ~ 窓辺の風景 ~
11. I'm In Love
12. It's City Life
13. きっと何時の日か

本作でアルバム・アーティストとして確固たる地位を築き、長く愛されるバンドに成長していった

都会的でスタイリッシュな音楽と謳われていたAORやクロスオーヴァーのようなジャンルは、80年代の半ばから徐々に衰退し、1990年前後のバンド・ブームの頃にはすっかり衰退してしまった。もちろん地道にこういったサウンドを追求するアーティストはいたが、時代遅れの産物のように扱われ、渋谷系のようなギミックやサンプリングとしての引用以外は日の目を見なくなってしまっていた。しかしそんな状況下においても、果敢に攻め続けたのがSING LIKE TALKINGだ。

ヴォーカルの佐藤竹善、キーボードの藤田千章、ギターの西村智彦という変則的な3人編成のバンドは、1988年に鳴り物入りでデビュー。TOTOのドラマーであるジェフ・ポーカロと、エリック・クラプトンなどと共演するネイザン・イーストをサポートに迎えたデビュー・ライヴが話題になるも、当初はなかなかセールス面では結果を出すことができなかった。しかし、デビューして3年目の1991年に発表した4作目のアルバム『0［lΛV］』から徐々に人気が高まっていき、ようやくブレイクしたのが5作目となった本作からである。

前作は東京とLAの2か所でレコーディングしていたが、本作ではすっかり息の合ったロッド・アントゥーンをプロデューサーに迎え、全曲ロサンゼルス録音を敢行。ジャンルを超えて活躍していたベースのランディ・ジャクソン、シカゴに在籍していたドラムスのトリス・インボーデン、スムース・ジャズの旗手として知られるサックスのジェラルド・アルブライトなど一流スタジオ・ミュージシャンが参加。それまで同様にゆるぎないアダルト・オリエンテッドなロック、ポップス路線を踏襲している。

彼らのスケール感のある楽曲は、実に聴き応えがある。「**飛べない翼**」から「**Hold On**」、そして「**遥かな航海へ**」という流れによって、決して派手ではないが雄大な広がりを感じさせてくれる。敢えてアップテンポの楽曲ではなく、落ち着いたトーンで構成したオープニングは、余裕があって心地良い。圧巻なのは、先行シングルにもなったパワー・バラードの「**With You**」だ。佐藤竹善のエモーショナルな熱唱ぶりは、そのまま彼らの魅力といってもいいだろう。これに続けて強力なファンク・チューン「**Rise**」へと続き、このあたりから緩急自在なレパートリーで、3人の懐の深さを思い知らされる。少し古風な言い回しを使った藤田千章が作る歌詞や、要所で差し込まれる西村智彦のギターも個性となって、本作において独自の世界観を完成させたと言えるのではないだろうか。

大きなヒット曲がなかったからこそ、SING LIKE TALKINGは、目まぐるしい90年代のヒットチャートに翻弄されることもなかった。そして、アルバム・アーティストとして確固たる地位を築き、長く愛されるバンドに成長していったのである。

L⇔R
エルアール

Lefty in the Right

1992年4月25日発売
POLYSTAR

01. Lazy Girl
02. 7 Voice
03. Bye Bye Popsicle 一度だけのNo.1 (version)
04. Holdin'Out [You & me together]
05. Love is real? 想像の産物 (version)
06. Motion Picture
07. I Can't Say Anymore
08. PACKAGE...I missed my natural [ALTERNATE MIX]
09. With Lots of Love Signed All of Us
10. [Fresh Air For My] Dounut Dreams

***90年代の数年間だけ燦然と輝き、
そして21世紀を目前に夜明けの星のように消えていった***

ビートルズをはじめとするマージー・ビートや、ビーチ・ボーイズのようなサーフィン・サウンドに影響を受けた日本のアーティストは数限りない。グループ・サウンズの時代はほぼすべてがそうだったし、その後の大滝詠一、山下達郎、伊藤銀次、杉真理といったいわゆるナイアガラ一派にとっても、'60sの洋楽ポップスは非常に重要なファクターである。多少の流行り廃りはあるが、日本のポップ・ミュージック史においてこの路線は定番であり、90年代にそのスタイルを直系で継承したといえるのがL⇔Rである。

黒沢健一と黒沢秀樹という兄弟のヴォーカル&ギター、そしてベースの木下裕晴という3人でミニ・アルバム『L』(1991年)を発表してメジャー・デビュー。続いて発表した初のフル・アルバムが本作で、この時点でキーボードの嶺川貴子が加入して4人組となった。アレンジには元リューベン&カンパニーの遠山裕と、四人囃子の岡井大二が加わっていることもあり、メンバーのポップ・センスはそのままに、きめ細かなアレンジが施されている。当時の渋谷系アーティストたちはサンプリングを大胆に用い、雰囲気モノのサウンドが主体だったが、同じように渋谷系にグルーピングされがちだった彼らの場合は、他とは違って70年代以降綿々と続く職人技による正統的な音楽制作の手法を取っていたのである。

そして何よりも楽曲が粒よりなのが素晴らしい。ザ・フォー・シーズンズのようなファルセット・コーラスに心を掴まれる「**Lazy Girl**」や、エモーショナルなメロディにキメのフレーズがバシッと決まる「**Bye Bye Popsicle**」などはシングル・カットされただけあってとにかくポップだし、XTCを思わせるひねくれたセンスの「**7 Voice**」や、ブライアン・ウィルソンのように内省的でナイーヴな一面を見せる「**Love is real?**」のような楽曲もある。ラストはビーチ・ボーイズの名盤『Pet Sounds』からの影響が色濃いソフト・サイケデリックな「**[Fresh Air For My] Dounut Dreams**」で締めくくるのも深みがあっていい。

このように、往年の名曲をリファレンスとしながらも古臭さは感じさせず、同時代のロック・バンドを意識しながら新しいポップ・サウンドを追求していったL⇔Rは、独自のポジションを掴むことができた。大ブレイクするのは、レコード会社移籍後に嶺川貴子が脱退して3人組となり、1995年にドラマのタイアップでミリオン・ヒットとなった「KNOCKIN' ON YOUR DOOR」まで待つことになるが、その過程においても良質なポップ・ソングを多数生み出していくのだ。

1997年にバンドは活動を休止し、2016年には黒沢健一が若くして急逝。ファンからは活動再開を望む声が高かったがついに実現しなかった。L⇔Rは90年代の数年間だけ燦然と輝き、そして21世紀を目前に夜明けの星のように消えていったのだ。

米米CLUB

コメコメクラブ

Octave

1992年6月25日発売
Sony Records

01. Tomorrow is another day
02. 君がいるだけで
03. NICE TO MEET YOU
04. 春雷 coup de foudre
05. 愛Knowマジック
06. ときめき
07. 愛はつづいてる
08. 恋人たちの想い出
09. O・ME・DE・TORE
10. ラリホー王
11. Eことあるサ
12. 心のままに

それまでどこかキワモノ扱いだった米米CLUBは、本作の大ヒットによって、誰もが認める王道アーティストへ

規格外のエンタテインメント集団。米米CLUBを説明するには、そういった言葉が思い浮かぶ。奇抜なメイクと派手な衣装を身にまとったジェームス小野田と、過剰に色男ぶりを見せつけるカールスモーキー石井、ふざけているとしか思えないような歌詞、そして時には寸劇まで取り込んだ抱腹絶倒のステージ。どう見ても王道とは言えない存在だったのは確かだ。ただ、彼らがデビューした1985年前後というのは、こういったコミカルなアーティストが人気を博していた時代でもある。聖飢魔II、爆風スランプなどがヒット曲を飛ばしていたし、あのサザンオールスターズでさえコミック・バンドやイロモノだと言われていた。米米CLUBがヒットしたのも不思議ではないのだ。

もちろん、ロックからブラック・ミュージックまでしっかりとした音楽性に裏打ちされた作品を作り続けていたことも重要だ。とりわけ、ファンク色の濃いダンサブルな楽曲は彼らの十八番であり、ファンキーなイメージは不変と言えるだろう。ただ、一般的には「**君がいるだけで**」の印象が強いのも事実。1992年にフジテレビ系の「月9」ドラマ『素顔のままで』の主題歌に大抜擢されたこの曲は大ヒットを記録。その前の1990年にCMタイアップで話題を呼んだ「浪漫飛行」の実績もあり、いつの頃からかこれらの爽快なポップ・ナンバーが米米CLUBの新たな代名詞となったのである。

本作は「**君がいるだけで**」の直後に発表された8枚目のオリジナル・アルバムである。1988年の4作目『GO FUNK』からすでに、アルバムを発表すれば常に1位を獲得するほどのビッグ・アーティストとなっていたため、急に売れたというわけではない。それでもシングルの爆発的なヒットに引っ張られるようにして、本作もバンド史上最高売り上げとなる200万枚超えを記録した。もともと本作はメンバーのMINAKO（ダンサー、コーラス）とフラッシュ金子（サックス、キーボード）の結婚記念をコンセプトに作られたこともあり、全体的に華やかであると同時に、これまで得意としてきたコミカルな要素が控えめになっている。二部構成のオープニング・ナンバー「**Tomorrow is another day**」に始まり、ソウルフルなポップ・チューン「**愛 Know マジック**」や「**愛はつづいてる**」、少しセンチメンタルな「**ときめき**」、スロー・バラードの「**恋人たちの想い出**」、そしてラテン・テイストのウェディング・ソング「**O・ME・DE・TORE**」など、じっくりと聴かせる楽曲がメインだ。もちろんゴリゴリのファンク「**NICE TO MEET YOU**」もあるが、ここでは主役とは言い難い。

すでにヒット・アーティストだったとはいえ、それまでどこかキワモノ扱いだった米米CLUB。しかし、「**君がいるだけで**」及び本作の大ヒットによって、誰もが認める王道アーティストとして高く評価されることになったのである。

X JAPAN

エックスジャパン

ART OF LIFE

1993年8月25日発売
Atlantic

01. ART OF LIFE

アルバム収録曲は29分の大作、1曲のみ。X JAPANのあくなき探求心が具現化された

アルバム収録曲は1曲のみ。しかも29分の大作という異色作。一口にアーティストといっても、売れれば売れるほど保守的になっていくタイプもいれば、どんどんやりたいことを具現化していくタイプまで様々。明らかにX JAPANは後者といっていいだろう。そのあくなき探求心がわかりやすく形になったのが本作である。

インディーズ時代から絶大な人気を誇り、1989年にアルバム『BLUE BLOOD』でメジャー・デビューしてからは常にロック・シーンにおいてトップの座に君臨し続けたX JAPAN。聖飢魔IIとは違ったアプローチでヘヴィメタルをお茶の間に持ち込み、後に隆盛するヴィジュアル系バンドへの多大な影響だけでも、日本のロックに強烈な楔を打ち込んだことがわかる。音楽的側面だけでなくバラエティ番組などでの露出や、YOSHIKIとTOSHIを巡る山のようなゴシップネタも含めると、まさに規格外でレジェンダリーな存在だ。

本作は1曲のみ収録の作品なので、アルバムという言葉が正しいかはわからないが、公には4作目のアルバムに数えられている。本作は数奇な運命をたどっており、前作のアルバム『Jealousy』(1991年)に収録するためにレコーディングが始まったが、結局間に合わず完成を断念。後にレコーディングを再開するが、ベースのTAIJIが脱退したため、新加入したHEATHによってベース部分を再録音。これにロンドンのアビー・ロード・スタジオでロイヤル・フィルハーモニー管弦楽団がオーケストラのパートを重ね、その後8か月かけてヴォーカル入れを行い完成した。

一曲30分弱というと、退屈なイメージを持つかもしれないが、実際には飽きさせることなく一気に聴かせる作品である。ギターのアルペジオに乗せてピアノとオーケストラが流麗に奏でられ、TOSHIが切々とドラマティックなメロディを歌い上げる。そこに激しいバンド・アンサンブルがかぶさってくるところが最初のクライマックスだ。YOSHIKIの疾走感溢れるドラミングやHIDEとPATAのソリッドなギターが盛り上げ、時折女性のナレーションが挿入される。いったん中盤で落ち着き、YOSHIKIのしっとりとしたピアノ・ソロが始まるが、これもまた徐々に不協和音を叩きつけ、再びフルバンドとオーケストラで終盤まで焦燥感と共に盛り上げていくのだ。

70年代からロックとオーケストラの共演は度々あったし、プログレッシヴ・ロックの世界では長尺曲も珍しくない。さらに言えば、X JAPANのメロディ自体はキャッチーで、革新的というよりも親しみやすい。それでも彼らの演奏の良さをふんだんに取り入れ、YOSHIKIの半生を描いた一大叙事詩として構築し、通常では考えられないフォーマットを持ち込んだことは革新的だ。前代未聞のロック・バンドならではの、大いに評価すべき作品である。

中島みゆき

ナカジマミユキ

EAST ASIA

1992年10月7日発売
AARD-VARK

01. EAST ASIA
02. やばい恋
03. 浅い眠り
04. 萩野原
05. 誕生
06. 此処じゃない何処かへ
07. 妹じゃあるまいし
08. 二隻の舟
09. 糸

“失恋ソングの女王”から徐々に変化し、新たな中島みゆき像を確立したアルバム

失恋ソングの女王。しかも、どうしようもないほどやるせなく救いのない歌ばかり。80年代前半の最初の黄金期に、中島みゆきのイメージは確立されている。「わかれうた」、「ひとり上手」、「悪女」といったヒット曲はまさに彼女の真骨頂だったのだ。しかし、90年代に入るとその印象が徐々に変化していく。それまでのフォーク・ソングの延長線上にあったような作風から、ロック・サウンドなども積極的に取り入れ、歌詞もいわゆる〝惚れた、腫れた〟のラブソングだけでなく、もっとスケールの大きな人間愛を描いた作品が増えてくるのだ。これには、通常のコンサートとはまったく違う演劇的な舞台「夜会」が、1989年から始まったこととともリンクしている。

本作はそういった新たな中島みゆき像が確立されたアルバムといえる。先行シングル「**浅い眠り**」はテレビドラマ『親愛なる者へ』の主題歌に起用されて大ヒットとなったが、以前のリアルな失恋歌とは違ってどこか抽象的なイメージを持つラブソングだ。この印象はアルバム全体にも感じられることであり、同じく先行シングルとなった「**誕生**」も愛と生をテーマに壮大に聴かせてくれる。「夜会」のテーマ・ソングとして作られた「**二隻の舟**」も恋愛というより人生そのものが主題となっており、キャリアを重ねてきたからこそ歌える重みのある楽曲になっている。

こういった新機軸にはメロディメイカーとしての資質も無視するわけにはいかない。どこか湿気を感じさせる個性はしっかりと保ちながら、前述の楽曲の他にも冒頭の大陸的な「**EAST ASIA**」からキュートな歌声で子守唄のように歌う「**萩野原**」までバラエティに富んでおり、彼女の曲作りの上手さはもっと評価されてもいいはず。その決定打と言えるのがラストを飾る名曲「**糸**」だろう。Aメロ、Bメロ、サビと起伏を付けつつも流れるような展開の旋律は見事で、その感動的な歌詞と相まって人々の心を打つのも納得の一曲だ。

後に生まれた数々のカヴァーが、そのことを証明している。

こういった世界観を具現化できたのは、アレンジャーである瀬尾一三の役割も大きい。1988年のアルバム『グッバイガール』で初タッグを組んだことをきっかけに、以降の中島みゆきサウンドに欠かせない存在となった。「**浅い眠り**」に始まり、その後大ヒットを記録するシングル「空と君のあいだに」(1994年)や「地上の星」(2000年)といった大ヒット曲における厚みのあるパワフルなアレンジの功績は多大だ。本作でも、彼の陣頭指揮のもとに、山木秀夫、青山純、島村英二、富倉安生、今剛、鈴木茂、倉田信雄といった錚々たるトップ・ミュージシャンたちが参加し、緩急自在の演奏を繰り広げている。

質の高い楽曲群、最高の演奏、そして唯一無二のヴォーカルが組み合わさり、ヒットすべくしてヒットしたのが90年代の中島みゆきなのである。

竹内まりや

タケウチマリヤ

Quiet Life

1992年10月22日発売
MOON

01. 家（うち）に帰ろう（マイ・スイート・ホーム）
02. マンハッタン・キス
03. FOREVER FRIENDS
04. COOL DOWN
05. AFTER YEARS
06. THE CHRISTMAS SONG
07. 告白
08. コンビニ・ラヴァー
09. ロンサム・シーズン
10. 幸せの探し方
11. シングル・アゲイン
12. QUIET LIFE

大人の女性という面では一切ぶれていない、竹内まりやのヴォーカリストとしての力量を存分に発揮

大人の女性をターゲットにしたポップス歌手。竹内まりやはいつの間にかそういう立ち位置のシンガー・ソングライターになっていた。現役大学生シンガーとしてデビューしたのが1978年。当時はアイドル的なイメージも多少あったが、山下達郎と結婚後のアルバム『VARIETY』（1984年）では基本すべての楽曲を自作自演という形でアーティスト性をアピール。提供曲のセルフ・カヴァーを多数含む『REQUEST』（1987年）を経て、5年ぶりに発表したのが8枚目のオリジナル・アルバムとなる本作だ。

この時点で彼女は、アルバムではすでにミリオン・ヒット・アーティストとしてのポジションを作り上げており、この頃からシングルもすべて大型タイアップが付いている。本作収録曲では、『火曜サスペンス劇場』の主題歌となった「**シングル・アゲイン**」と「**告白**」、同名映画の主題歌「**マンハッタン・キス**」、ドラマ主題歌ながらも数々のCMに使用された「**家**（**うち**）

に帰ろう（マイ・スイート・ホーム）」、こちらも複数のCMソングになった「幸せの探し方」と5曲のシングル曲が収められており、まるでベスト・アルバムのような体裁のオリジナル作品だ。当然のように本作も大ヒットし、ミリオン・セールスを記録している。

これほどまでに彼女の音楽が支持されたのは、彼女が作る楽曲のストーリー性によるところが大きいだろう。基本的にはある程度年齢を重ねた女性が主人公になることが多く、何度も恋愛を積み重ねてきたことによって生まれる感情や、主婦だからこそ気が付く男性の気持ちなどが、リアルに描かれていく。時には生々しい略奪愛や不倫などがテーマになることも多く、ある種のドロドロした恋愛のシチュエーションを味わうことができるのも、彼女の音楽の特徴だというと乱暴すぎるだろうか。

音楽的な面に関しては、やはりパートナーである山下達郎の緻密なアレンジが効いている。彼自身の音楽よりは多少大衆的に作られているような印象があるとはいえ、竹内まりやの持ち味であるオールディーズ・ポップス、マージー・ビート、カンツォーネといったジャンルのエッセンスを上手く取り入れている。時にはソウル・ミュージック然とした「COOL DOWN」やボサノヴァ風の「AFTER YEARS」などを盛り込みつつも、しっかりとポップスとして成立させているのだ。また、「THE CHRISTMAS SONG」のようなスタンダードなカヴァーも興味深く、翌1993年に発表した山下達郎の企画アルバム『SEASON'S GREETINGS』につながっていく。

アルバムとしては多くの要素が盛り込まれており、一曲ごとに表情を変える作品ではあるが、大人の女性の音楽という面では一切ぶれていない。それがまさに、竹内まりやのヴォーカリストとしての力量であり、コンスタントにヒットを飛ばす理由でもあるのだ。

DREAMS COME TRUE
ドリームズ・カム・トゥルー

The Swinging Star

1992年11月14日発売
EPIC/SONY

01. The Swinging Star
02. あの夏の花火
03. DA DIDDLY DEET DEE
04. SAYONARA (Extended Version)
05. 行きたいのは MOUNTAIN MOUNTAIN
06. 眼鏡越しの空
07. 決戦は金曜日 (Version of "THE DYNAMITES")
08. 涙とたたかってる
09. HIDE AND SEEK
10. 太陽が見てる
11. SWEET SWEET SWEET
12. 晴れたらいいね

バブル景気を引きずった華やかな空気感に、DREAMS COME TRUEほど似合うサウンドはなかった

90年代前半のまだバブル景気を引きずった華やかな空気感に、これほどまで似合うサウンドはなかったかもしれない。それくらいドリカムことDREAMS COME TRUEの音楽はとにかくアッパーできらびやかだった。ヴォーカルの吉田美和、ベースの中村正人、後に脱退するキーボードの西川隆宏の3人組は、1989年に颯爽とデビュー。じわじわと人気を集めて1990年発表のサード・アルバム『WONDER 3』で早くもミリオン・セールスを記録。本作はまさに勢いが止まらない真っ只中に発表した5作目となる初期の代表作である。

きらびやかに感じる大きな理由は、彼らが作るグルーヴィーでソウルフルなサウンドによるものだろう。ショーの始まりを告げるようなジャジーなオープニングの「**The Swinging Star**」からスウィング・アウト・シスターを思わせるソフィスティケイト・ソウルの「**あの夏の花火**」へとなだれ込むオープニングが秀逸だ。流麗なアレンジに乗せた伸びやかなヴォーカルの爽快感は格別で、これぞドリカム節といっても過言ではない。

また、彼らが出演していたテレビ番組のタイアップで大ヒットした**「決戦は金曜日」**も特筆すべき一曲だ。エモーショナルなヴォーカルとシンコペイトしたリズムのコンビネーションにテンションが上がる。シェリル・リンの「Got To Be Real」とアース・ウィンド・アンド・ファイアーの「Let's Groove」をヒントに作り上げたそうだが、マニアックになりがちなファンク・サウンドを音楽マニアだけでなくお茶の間のリスナーにしっかりと届けたということだけでも非常に意味のある一曲と言える。

それにしても、とにかく粒よりの楽曲がここには揃っている。どこか歌謡ディスコっぽい**「SAYONARA」**、これまた洗練されたコードワークとリズムで展開する彼ら流のシティポップ**「太陽が見てる」**、甘く切ないスケールの大きなソウル・バラード**「SWEET SWEET SWEET」**と名曲揃い。しかも、ブラック・ミュージック風の楽曲だけでなく、バート・バカラックの「雨にぬれても」へのオマージュといえる転調の繰り返しが印象深い**「晴れたらいいね」**のような楽曲をさらっと入れ込むのも見事だ。

ただ、楽曲の良さだけではこれほどのビッグな存在にはならなかっただろう。吉田美和のポジティヴでパワフルな歌声があったからこそだし、彼女が描き表現する歌詞の世界も重要だ。片想い、失恋、嫉妬など身近でなおかつ湿っぽくなりがちな題材を、あの圧倒的なエネルギーを持つヴォーカル力によってファンタジックに転換し、ハイクオリティなポップスへと昇華している。音楽的に唸らせる側面は多々あれど、けっしてハードルを上げず、誰もが共感できる歌の世界をドリカムは作り上げたのである。

森高千里

モリタカチサト

ペパーランド

1992年11月18日発売
Warner Music

01. ペパーランド
02. どっちもどっち
03. 頭が痛い
04. サンライズ
05. ロックンロール県庁所在地
06. 雨の朝
07. 常夏のパラダイス
08. Uターン（我が家）
09. ごきげんな朝
10. ロック・アラーム・クロック
11. 青い海

アイドルであることを否定せず、そのまま自我を表現して唯一無二の存在となり得た

アイドルのブームというのは定期的にやってくるが、90年代前半はアイドル氷河期と言われていた時期だ。80年代後半のおニャン子クラブとそこから派生したソロ活動がいったん落ち着くと、これといった目立ったアイドルがいなくなった。その氷河期に、アイドルであることを逆手に取って活躍したのが森高千里だ。彼女の芸能界デビューは1986年。当初はCMや映画などに抜擢され、タレントとして活動し、翌1987年に歌手デビューする。ここまでは比較的、一般的なアイドルと変わりはない。

しかし、1988年3月に発表したセカンド・アルバム『ミーハー』のタイトル曲を作詞したことを皮切りに、同年11月の次作『見て』では2曲を除いて全曲の歌詞を手掛けた。決定打は1989年リリースの4作目のアルバム『非実力派宣言』で、デフォルメされたアイドル的な衣装を身にまとい、この自虐的なタイトルとは裏腹に、独特の言語感覚でほぼ全曲の歌詞を手掛け、作曲をしたり、ドラムやオルガンを演奏したり、CARNATIONとの共演を行ったりと音楽ファンを騒然とさせるのである。「雨」、「八月の恋」、「私がオバさんになっても」といったこの頃のヒット曲もすべて本人が作詞をしているのだ。

こういった背景があったからこそ生まれたのが、7作目のオリジナル・アルバムとして発表された本作である。ここでの特徴はいくつか挙げられるが、まずシングル曲が一曲も収録されていないこと。当時はシングルを出せば大ヒットという状況だったにもかかわらず、あくまでもアルバムで勝負するという強い意志が感じられる。また、それまでのフリフリとしたド派手なアイドル衣装を脱ぎ捨て、モノクロのオフショットのような写真がジャケットに使われているのも興味深い。そして、全曲の作詞を手掛けたのはもちろんのこと、すべての楽曲で何らかの楽器を演奏し、サウンド面でも能動的に参加しているのである。これまでのアイドルで、ここまで音楽にこだわった例はないのではないだろうか。もはやアイドルという言葉を使っていいのかすらわからない、ひとりのアーティストとして完成されている。

とはいえ、決してアーティスティックさを鼻にかけることはない。自身のバンド活動を思い出させるようなストレートなタイトル曲「**ペパーランド**」から、ハードなイメージの「**頭が痛い**」、歌詞にビートルズが出てくるポップな「**サンライズ**」、ノスタルジックな世界観の「**Uターン**（**我が家**）」など、とにかく親しみやすい佳曲が揃っている。歌詞がユニークな「**ロックンロール県庁所在地**」は作詞作曲編曲、そして楽器の演奏やコーラスもすべて森高千里本人が手掛けているのには驚きだ。ちょうどいい塩梅のロウファイ感も見事。アイドルであることを否定せず、そのスタンスのまま自我を表現して唯一無二の存在となり得たのである。

Column 1

タイアップとミリオン・ヒット

かなり乱暴な言い方だが、90年代の日本の音楽シーンはタイアップとミリオン・ヒットの時代である。もちろん、70年代や80年代にもドラマやCMのタイアップは多数あったし、そこから大ヒットした楽曲も多い。例えば、カネボウや資生堂といった化粧品のCMタイアップ合戦は80年代に大きなピークを迎え、子門真人の「およげ！たいやきくん」（1975年）やピンク・レディーの「UFO」（1977年）など100万枚を超えるヒット作もそれなりに存在している。しかし、90年代に入ってからは、ヒット曲を生み出すには大型タイアップを獲得するというのがデフォルトになり、「ヒット=100万枚超え」というのが当たり前のような時代であったのだ。

90年代最初のミリオン・ヒットは、B・B・クィーンズの「おどるポンポコリン」である。国民的なテレビアニメ『ちびまる子ちゃん』の主題歌という老若男女の全方位に向けたタイアップは、70年代や80年代のヒットを思わせる。しかし、この曲は長戸大幸率いるビーイングによる最初のミリオン・ヒットでもあり、90年代J-POP幕開けの象徴と言ってもいいだろう。企画色の強い作品ではあるが、ビーイング的な手法が最初に成功した一例でもあるのだ。

こういったテレビアニメの主題歌に限らず、90年代はタイアップの強度が急上昇していった。とりわけ、ドラマの主題歌からヒットするというパターンは、この時代のもっとも大きな特徴だろう。そのなかでも、

「月9」と呼ばれたフジテレビの月曜夜9時の枠で放映されていたドラマの人気は圧倒的で、主題歌に決まれば大ヒットは確実。上手くはまればミリオン・ヒットを記録した。主な作品を挙げると、『東京ラブストーリー』（1991年）の小田和正「ラブ・ストーリーは突然に」、『101回目のプロポーズ』（1991年）のCHAGE&ASKA「SAY YES」、『素顔のままで』（1992年）の米米CLUB「君がいるだけで」、『あすなろ白書』（1993年）の藤井フミヤ「TRUE LOVE」と、ほんの2年ほどの間の「月9」から、90年代を代表するミリオン・ヒットがこんなに生まれている。他にも、松任谷由実「Hello, my friend」（1994年）、Mr.Children「名もなき詩」（1996年）、久保田利伸 with NAOMI CAMPBELL「LA・LA・LA LOVE SONG」（1996年）、安室奈美恵「CAN YOU CELEBRATE?」（1997年）、大滝詠一「幸せな結末」（1997年）なども「月9」主題歌であり、いかに影響力があったかわかるだろう。

「月9」に限らず、ドラマのタイアップは強力だった。小泉今日子「あなたに会えてよかった」（1991年）、槇原敬之「もう恋なんてしない」（1992年）、稲垣潤一「クリスマスキャロルの頃には」（1992年）、NOKKO「人魚」（1994年）、DREAMS COME TRUE「LOVE LOVE LOVE」（1995年）、玉置浩二「田園」（1996年）、今井美樹「PRIDE」（1996年）などなど、ここには書ききれないほどの大ヒットがドラマの主題歌から生まれたのである。さらに興味深いのは、90年代の楽曲だけでなく過去の洋邦の名曲がドラマ・タイアップで日の目を浴びることも多かった。浜田省吾「悲しみは雪のように」（1981年）、尾崎豊「OH MY LITTLE GIRL」（1983年）、カーペンターズ「青春の輝き」（1976年）、ランディ・クロフォード「スウィートラブ」（1986年）などがリバイバル・ヒットの代表的な楽曲だ。

織田裕二、江口洋介、福山雅治、反町隆史といった俳優たちが歌手として大ヒットを飛ばした例も、ドラマ人気を裏付けている。

ドラマだけでなく、バラエティ番組からも数多くのヒット曲が生まれた。KAN「愛は勝つ」(1990年)と大事MANブラザーズバンド「それが大事」(1991年)は『邦ちゃんのやまだかつてないテレビ』のタイアップで火が付き、SMAPがアイドルという枠を超えてブレイクし始めたのは『夢がMORI MORI』で使われた「$10」(1993年)あたりから。テーマ・ソングだけでなく、バラエティ番組出演者が歌うヒット・ソングが多数生まれたのもこの時代の特徴で、なかでも目立ったのは『ウッチャンナンチャンのウリナリ!!』だ。そこからポケットビスケッツとブラックビスケッツというユニットが作られ、それぞれ「YELLOW YELLOW HAPPY」(1996年)や「Timing」(1998年)といった楽曲がミリオン・ヒットとなった。また、タイプは違うが『進め！電波少年』の「ユーラシア大陸横断ヒッチハイク」企画に出演した芸人コンビの猿岩石は、「白い雲のように」（1996年）でデビューし大成功を収めた。

ドラマやバラエティ番組と並ぶタイアップの王様と言えば、CMソングだろう。70年代あたりまではCMにはオリジナル・ソングを使うのが一般的だった。しかし、80年代以降はアーティストのヒット曲を生み出すためのツールとしても威力を発揮。車、化粧品、食品から、たばこや生命保険まで、様々なジャンルにおいてタイアップが戦略的に行われるようになっていく。90年代を代表するCMタイアップのひとつが、大塚製薬の「ポカリスエット」だろうか。ビーイングとの蜜月関係は強力で、織田哲郎「いつまでも変わらぬ愛を」（1992年）、ZARD「揺れる想い」（1993年）、DEEN「瞳そらさないで」（1994年）などが大ヒットした。

まだバブル景気の余韻があった90年代前半の冬のレジャーといえば、なんといってもスキー。ＪＲ東日本はスキーのキャンペーンでZOO「Choo Choo TRAIN」（1991年）やglobe「DEPARTURES」（1996年）などを起用し、広瀬香美はスキー用品を扱うアルペンのＣＭソング「ロマンスの神様」（1993年）で大ブレイク。若者のライフスタイルと直結したＣＭタイアップはとにかく効果的だった。他にも、この時代ならではといえるものをいくつか挙げると、DEEN「このまま君だけを奪い去りたい」（1993年）や広末涼子「Majiで Koiする5秒前」（1997年）はＮＴＴドコモのポケベル、GLAYの「誘惑」（1998年）はＴＤＫのＭＤ（ミニディスク）という今はほぼ絶滅した電子機器のＣＭソングだったというのも懐かしい。

ちょっと変わったところでは、坂本龍一のピアノ・インスト「energy

flow」（1999年）もミリオン・ヒットしたCMソングだ。リゲインのタイアップで2000年以降の〝癒し系〟ブームの先駆けとなったが、同じリゲインが80年代末に流行らせたキャッチコピー「24時間、戦エマスカ。」から時代が変化していることがよくわかる。

テレビやCMのタイアップ・ヒットを追いかけるだけでも、音楽シーンの変遷は見えてくる。そして、それらに込められた活気と熱気こそが、90年代らしさなのだ。

1993

ZARD
揺れる想い
たまきこうじ
カリントこうばのえんとつの上に
OZAWA!
THE DOGS BARK,
BUT THE CARAVAN
MOVES ON
SUCCESS STORY
WANDS
時の扉
PIZZICATO FIVE
BOSSA NOVA 2001

氷室京介

ヒムロキョウスケ

Memories Of Blue

1993年1月7日発売
EASTWORLD

01. KISS ME
02. YOU'RE THE RIGHT
03. Memories Of Blue
04. RAINY BLUE
05. Good Luck My Love
06. SON OF A BITCH
07. Décadent
08. Urban Dance
09. GET READY "TONIGHT" TEDDY BOY
10. WILL

ここでの氷室京介を一言で表すなら、〝壮大な音空間〟ではないだろうか

すっかり伝説となった、80年代を代表するロック・バンドのBOØWY。1988年4月に東京ドームで行われた"LAST GIGS"で華々しく解散したが、その3か月後、真っ先にソロ活動を始めたのはフロントマンの氷室京介だった。シングル「ANGEL」及びベーシストの吉田建との共同作業で作り上げたアルバム『FLOWERS for ALGERNON』のいずれもが大ヒットを記録し、BOØWYの余韻を感じさせない活躍ぶりを見せたのである。

彼の勢いはソロ・デビューだけにとどまらなかった。ファシズムをテーマにしたコンセプト・アルバムということで波紋を呼んだ佐久間正英プロデュースの『NEO FASCIO』(1989年)、ツアー・メンバーであるバック・バンドのSP≒EED(永井利光、春山信吾、友森昭一、西平彰)をレコーディングに起用した『Higher Self』(1991年)に続き、4作目のソロ・アルバムとして発表したのが本作である。前作に続き、西平彰にアレンジとプロデュースを任せているが、一部はニューヨークでレコーディングを敢行し、日米のミュージシャンが脇を固めているのが特徴だ。

ここでの氷室京介を一言で表すなら、〝壮大な音空間〟ではないだろうか。それは爆発的な大ヒットを記録した先行シングル「**KISS ME**」から顕著である。ハードでドライヴィンなギターロック・サウンドでありながら、シンセサイザーによる音響処理を施すことでキャッチーなメロディを引き立たせ、ヴォーカルに爽快感を与えている。この感覚は徹底されており、どこかメランコリックな「**YOU'RE THE RIGHT**」、ひんやりとした質感のアルバム・タイトル曲「**Memories Of Blue**」、情感豊かなミディアム・ロック「**Good Luck My Love**」、どこかBOØWYの頃を思い出させる「**Décadent**」、スピード感を表現した「**GET READY "TONIGHT" TEDDY BOY**」など収録曲の大半で一貫していて、サウンド・プロデューサーである西平彰のアレンジ力が映える。

ただ、そういった感覚は残しつつも、ドリーミーな雰囲気の美しいバラード「**RAINY BLUE**」、耽美的でどこかつかみどころのない「**Urban Dance**」などをさらりと忍び込ませるところが本作の醍醐味といっていいだろう。なかでもラストを飾る「**WILL**」には驚かされる。スライドギター、ハモンド・オルガン、ゴスペル風のコーラスなどが配置されたアーシーなサウンドに乗せて、祈りのような歌を披露するのだ。その後、氷室京介は新天地を求めて渡米するが、この曲を聴けばその理由も何となく理解できるような気がする。

結果として本作は軽々とミリオン・セールスを記録。氷室京介にとって最も売れたオリジナル・アルバムになったのと同時に、音楽的にも非常に充実した作品となった。そして、彼の代表作であり最高傑作として今もなお燦然と輝いている。

橘いずみ

タチバナイズミ

どんなに打ちのめされても

1993年4月1日発売
Sony Records

01. 打ちのめされて
02. 東京発
03. 失格
04. 富良野
05. 愛してる
06. また かけるから
07. オールファイト
08. ごみ
09. ジュエル
10. がんばれ、なまけもの

鋭い歌詞や激しくも切ないメロディやサウンドから、“女・尾崎豊”と呼ばれた

叫ぶような心の声を歌う。橘いずみはそれまでにいなかったタイプのシンガー・ソングライターだった。ドキッとするようなキラーフレーズをちりばめた歌詞や、激しくも切ないメロディやサウンドから、〝女・尾崎豊〟などと呼ばれることもあった。これには、尾崎豊を育てたプロデューサーの須藤晃が関わったということも理由のひとつだが、彼女のスタイルはそれくらい鋭敏なものだったのである。

橘いずみは、もともとは出身の関西でソウル系のバンドで活動していたが、オーディションでグランプリを獲ったことをきっかけにメジャー・デビューが決定。最初のシングルは杉真理が作編曲を手掛けた「君なら大丈夫だよ」という事実が今となって意外に思えるのは、3作目のシングル「**失格**」の印象があまりにも強烈だったからだ。

この「**失格**」はラップでもなくポエトリー・リーディングでもないが、〝歌詞〟というよりも〝詩〟。それも、聴いているだけでグサグサとナイフで切りつけられるような感覚が味わえる楽曲だ。〝自分の言いたいことを私は何も言わない〟という歌い出しから始まり、〝明るく元気だけが取り柄の女にはなれない〟や、〝傷ついた傷つけられたと騒いで憂さ晴らし〟などのシニカルな視点を経て、〝生きる資格がないなんて憧れてた生き方〟とまとめる。それをゴツゴツとした質感ながらもグルーヴィーなバンド・サウンドに乗せて絶唱するのだ。

音楽シーンに大きな衝撃を与えた**「失格」**を収めたセカンド・アルバムの本作も、全体的にはメッセージ性の高いロック・チューンがメインとなっている。アメリカン・ロック・テイストのオープニング曲**「打ちのめされて」**に始まり、アップ・テンポの'80s風ロックンロール**「東京発」**、ミディアム・テンポの**「ジュエル」**など、いずれも社会的であったり内面を見つめるような内容だったりと深いメッセージが込められた歌詞と、真摯な歌声が心に響く。丁寧に言葉を伝えようとする歌唱スタイルは、どこか初期の中島みゆきにも通じるものがあり、そういった意味においてもカリスマ性を感じさせてくれる。

ただ、友達を慰めるような情景が描かれた**「富良野」**や、一途な想いを伝える切ない**「ごみ」**なんていう女性ならではの優しさや弱さ、しなやかさを感じさせるナンバーもあり、実は攻撃するだけではないこともよくわかる。そして、これらの楽曲を分け隔てなく歌いこなせるという器用さを持ち合わせているのが、橘いずみの魅力でもある。

その後も、やはり**「失格」**路線のインパクトが強い「バニラ」（1993年）や、ドラマの主題歌に使用された「永遠のパズル」（1994年）といったヒットを放ち、他にはない独自のスタイルを貫きながら音楽活動を続けている。

WANDS

ワンズ

時の扉

1993年4月17日発売
TM FACTORY

01. 時の扉
02. このまま君だけを奪い去りたい
03. 星のない空の下で
04. もっと強く抱きしめたなら
05. ガラスの心で
06. そのままの君へと…
07. 孤独へのTARGET
08. Mr. JAIL
09. Keep My Rock'n Road
10. 世界中の誰よりきっと ~Album Version~

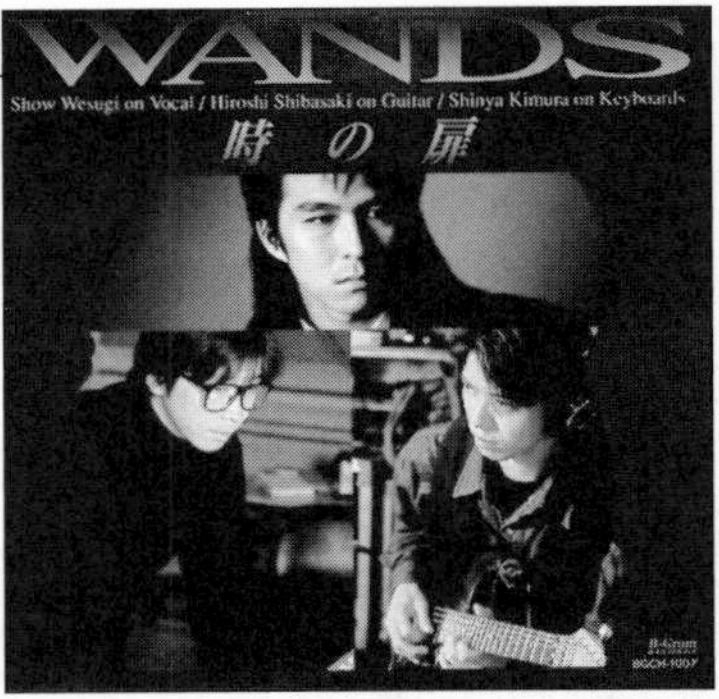

WANDSは90年代を席巻したヒット工房“ビーイング”の最前線に立ち続けていた

90年代のJ－POPシーンを大雑把に表現するならば、〝TKサウンドとビーイングの時代〟である。大衆的なダンス・ミュージックを生み出すべくひとり奮闘していた小室哲哉と、ロック・テイストのヒット・ソング工房のドンとして君臨していた長戸大幸率いるビーイングは作風こそ対照的であるが、時代をとらえるという点において向かっている方向は同じだった。ビーイングはB'zとZARDという2大スターだけでなく、T-BOLAN、大黒摩季、DEEN、FIELD OF VIEWなどが続々とヒットを飛ばすことになるが、その最前線に立ち続けていたのがロック・バンドのWANDSである。

WANDSは他のビーイング系グループと同様に、優秀なミュージシャンとヴォーカリストを組み合わせた精鋭部隊のようなバンドとして誕生した。1991年にデビューし、翌1992年に発表した3枚目のシングル**「もっと強く抱きしめたなら」**がCMタイアップの効果もあってミリオン・ヒットを記録。さらには同年に中山美穂と共演した「**世界中の誰よりきっと**」が累計200万枚を超える特大ヒット・ソングとなり、誰もが知る存在となるのだ。

本作はそういった状況を受けて発表したセカンド・アルバムである。彼らは何度かメンバー・チェンジを行っているが、この時点でのメンバーは、ヴォーカルの上杉昇、ギターの柴崎浩、キーボードの木村真也という3人。ただし、直前に脱退したキーボードの大島康祐が2曲楽曲提供している。作詞は基本的に上杉昇が手掛け、作曲にはメンバーの他に織田哲郎、多々納好夫、川島だりあといったビーイングの職人たちが参加。アレンジも明石昌夫と葉山たけしというビーイング・サウンドを支えた売れっ子アレンジャーによるものだ。

それだけに、楽曲のクオリティは非常に高く、しかもいずれもキャッチーでまるでヒット曲の教科書のようでもある。基本的にはアメリカン・ロックやハード・ロックを基調にしているが、サビのメロディラインやヴォーカルの聴かせ方などは一貫してわかりやすい。先行シングルとして発表されたエッジーな表題曲「**時の扉**」、ジャーニーを思わせる雄大な「**星のない空の下で**」、ハードかつドラマティックなバラード「**そのままの君へと…**」、シンセ・サウンドがきらびやかな「**孤独へのTARGET**」、ブルージーなテイストの「**Keep My Rock'n Road**」とバラエティ豊か。また、DEENへの提供曲をセルフ・カヴァーした「**このまま君だけを奪い去りたい**」や、「**世界中の誰よりきっと**」のWANDS単独ヴァージョンまで盛りだくさんだ。

ビーイング作品はどうしてもタイアップによる大ヒットのイメージが強いが、それだけ大衆に受け入れられるために、盤石で隙のない音作りが行われていた。その事実は、本作を聴けば誰しも納得するはずだ。

PIZZICATO FIVE

ピチカート・ファイヴ

BOSSA NOVA 2001

1993年6月1日発売
TRIAD

01. ロックン・ロール
02. スウィート・ソウル・レヴュー
03. マジック・カーペット・ライド
04. 我が名はグルーヴィー
05. ソフィスティケイテッド・キャッチー
06. ピース・ミュージック
07. ストロベリィ・スレイライド
08. スリーパー
09. 優しい木曜日
10. レイン・ソング
11. ゴー・ゴー・ダンサー
12. 皆既日食
13. 愛の神話
14. ハレルヤ・ハレクリシュナ
15. プレイバック2001
16. クレオパトラ2001

その圧倒的な濃度と密度は 躁状態だった90年代の象徴といっても過言ではない

時代が時代であれば、完全にオルタナティヴな存在だっただろうなあというアーティストは90年代に数多く存在する。ピチカート・ファイヴもそのひとつだろう。〝渋谷系〟といわれたムーヴメントの代表格であり、ヒット曲も生まれたが、あくまでも彼らはマニア心をくすぐるサンプリングやポップなアートワークを全面的に駆使し、独自の手法やそこで生み出された表現を通じて、この当時の音楽シーンに多大な影響を与えたのだ。

ピチカート・ファイヴはなかなか奇妙な経歴を持つグループである。1984年に小西康陽、高浪慶太郎(後に敬太郎に改名)、鴨宮諒、佐々木麻美子の4人で結成。細野晴臣のノン・スタンダード・レーベルからデビューしたテクノポップ期を経て、CBSソニーに移籍してソフトロック路線へ。1988年からヴォーカルがオリジナル・ラヴの田島貴男に替わり、ソウル色が濃厚になった。しかし、1990年にTRIADに移籍すると同時に、田島貴男は脱退。ヴォーカルに元ポータブル・ロックの野宮真貴を抜擢し、そこから一気に大躍進が始まるのである。

本作は1993年にカネボウ化粧品のCMタイアップでスマッシュ・ヒットとなった**「スウィート・ソウル・レヴュー」**のリリース直後に発表されたアルバムである。プロデューサーには、フリッパーズ・ギターを解散し、Corneliusとしてソロ活動を行う直前の小山田圭吾を指名。いわば〝渋谷系〟の二大看板の共同作業によって生み出された作品とも言えるのだ。とにかく楽曲は粒揃いで、モータウン・サウンドの**「スウィート・ソウル・レヴュー」**が一際目立つものの、60年代のエッセンスを取り入れた少しサイケデリックな**「マジック・カーペット・ライド」**、ダンサブルでソウルフルな**「我が名はグルーヴィー」**、文字通りピースフルで多幸感のある**「ピース・ミュージック」**、ワルツのリズムに乗って奏でられる**「優しい木曜日」**と、前半だけでも名曲ばかり。また、フィフス・ディメンションを彷彿とさせるソフトロック**「愛の神話」**や明らかに60年代のヒッピー・ムーヴメントの雰囲気を狙った**「ハレルヤ・ハレクリシュナ」**など、全体的にレトロ・フューチャーな感覚を意識して演出しているのも特徴と言えるだろう。

アルバム全体を通して感じられるのは、小西康陽と高浪敬太郎のメロディメイカー、サウンド・クリエイターとしての能力と、そのメロディをクールに表現する野宮真貴の歌声との見事なまでのバランス感覚。ピチカート・ファイヴのメンバーと小山田圭吾の膨大な音楽知識をもとに構築されたポップ・ワールドは、どこか箱庭的でありながらも、小手先だけではない有無を言わせぬパワーと勢いを感じさせる。その圧倒的な濃度と密度は、躁状態だった90年代の象徴といっても過言ではない。

ZARD
ザード

揺れる想い

1993年7月10日発売
B-Gram RECORDS

01. 揺れる想い
02. Season
03. 君がいない (B-Version)
04. In my arms tonight
05. あなたを好きだけど
06. 負けないで
07. Listen to me
08. You and me (and...)
09. I want you
10. 二人の夏

坂井泉水の瑞々しい歌声は、本作をはじめとする90年代に残した作品にしっかりと刻み込まれている

90年代を代表する歌姫といっていいくらいなのに、その素性がほとんど知られていない。ZARDの坂井泉水ほど、不思議な存在のビッグ・アーティストはいないかもしれない。大ヒット曲が多数あるにもかかわらず、テレビや雑誌といったメディアの露出はほとんどなく、コンサート活動もごく限られた期間のみ。これには本人が極度のあがり症だったことや、晩年の闘病なども理由に挙げられるだろうが、おそらくここまで徹底してメディア・コントロールを行い、親しみやすいのにミステリアスなスターとして君臨したアーティストはまずいない。

坂井泉水はもともとモデルとして芸能界デビューしていたが、ビーイングの長戸大幸に見出されて1991年にZARDのヴォーカリストとしてデビュー。デビュー曲「Good-bye My Loneliness」が話題となり、「眠れない夜を抱いて」（1992年）や「**IN MY ARMS TONIGHT**」（1992年）などがヒットする。そして、19

93年に発表した「**負けないで**」がミリオン・ヒットを記録。同年には立て続けに「**君がいない**」、「**揺れる想い**」もミリオン超えを達成し、90年代でもっとも売れた女性ヴォーカリストとなるのである。

本作はこれらの大ヒットが詰め込まれた4枚目のオリジナル・アルバムで、当然のように爆発的なセールスを記録。先述した「**IN MY ARMS TONIGHT**」、「**負けないで**」、「**君がいない**」、「**揺れる想い**」という4曲もの大ヒット・ナンバーが収められていることもあり、この年の年間チャートでも首位となっている。ZARDとしてだけでなく、90年代のJ－POPを代表するアルバムといっていいだろう。

内容もいわずもがなのポップ・ナンバーが並んでいる。ZARD版「卒業写真」といってもいい甘酸っぱいイメージの「**Season**」、年下の彼のことを歌った爽やかなラブソング「**あなたを好きだけど**」、織田哲郎が書き下ろした切ないウィンター・ソング「**You and me (and…)**」、過去の恋を想うパワー・バラード「**二人の夏**」と、どれもシングル・ヒットしそうな楽曲ばかり。加えて、大黒摩季、川島だりあ、栗林誠一郎、近藤房之助といったビーイングのオールスターがコーラス参加した軽快なモータウン・ビートの「**Listen to me**」のように遊び心いっぱいのナンバーまで収められているのだ。栗林誠一郎を筆頭とした作家陣はもちろん、明石昌夫と葉山たけしによる職人的なアレンジも、ビーイングらしい丁寧な仕事ぶりだ。

この後もZARDは「きっと忘れない」（1993年）や「マイ フレンド」（1996年）といった大ヒットを何曲も生み出すが、2000年代に入ると、坂井泉水は闘病生活に入って活動も控えめとなり、2007年に40歳という若さで惜しくも急逝。しかし、彼女の瑞々しい歌声は、本作をはじめとする90年代に残した作品にしっかりと刻み込まれている。

玉置浩二

タマキコウジ

カリント工場の煙突の上に

1993年9月22日発売
Sony Records

01. 花咲く土手に
02. カリント工場の煙突の上に
03. ダンボールと蜜柑箱
04. 西棟午前六時半
05. 大きな“いちょう”の木の下で
06. キラキラ ニコニコ
07. 家族
08. 納屋の空
09. 元気な町
10. 青い“なす”畑

天才的なヴォーカリストによる、自らのルーツを遡るような故郷への郷愁などが表現された異色作

いくつもの大ヒット曲を生み出し、ロック・バンドでありながらお茶の間を席巻した安全地帯。もちろん天才的なヴォーカリスト、玉置浩二の存在があったからこそだし、ソロ活動においてもその人気とクオリティはバンドに引けを取らない。3作目のソロ・アルバムとして制作された本作は、安全地帯でのクールな世界観とは真逆であり、自らのルーツを遡るような幼少期の思い出や故郷への郷愁などが表現された異色作である。

死んだじいちゃんの野辺送りを描いた「**花咲く土手に**」、〝僕が今でも泳げないわけは 川で溺れたあいつのせいさ〟というフレーズが強烈な表題曲「**カリント工場の煙突の上に**」という冒頭の2曲でアルバムのトーンがしっかりと提示される。いずれも玉置浩二自身の経験がそのまま歌詞になっており、安全地帯で歌ってきたラブソングとは一線を画する私小説的な歌だ。作詞を手掛けたのは前作の『あこがれ』からタッグを組み始めた須藤晃だが、まるで歌い手の人生を見つめ続けてきたかのようなリアリティを感じさせる。二人の密なコミュニケーションから生み出されたことは想像に難くない。

個人的な作品である理由には、家族の参加ということも関係している。もともと安全地帯にも在籍していたことがあるという実兄が数曲でドラムスとパーカッションを叩いている他、**「家族」**には両親がコーラスで参加。また精神を病んで入院していた時の体験をもとにしたという**「西棟午前六時半」**には、当時の伴侶であった薬師丸ひろ子が清らかな歌声を聴かせてくれるのだ。

音楽的にもこれまでとは違って、収録曲のほとんどがアコースティック・ギターの弾き語りをベースにしており、一部のパーカッションやストリングスを除くと玉置浩二自身の演奏によるもの。そのため、シンプルなアンサンブルからプログレッシヴなサウンドまで多様でありながらも、非常にハンドメイドな質感のアレンジとなっている。

同時に、斜に構えたクールなヴォーカルというイメージを一切排し、生々しくも人間味に溢れた魂の歌を聴かせてくれるのだ。この方向性は後にヒットさせる「田園」や「メロディー」の礎になっていると言ってもいいだろう。とりわけシングル・カットされた**「元気な町」**のエモーショナルな歌声をソフトなアコースティック・サウンドで包み込む手法は、その後の彼の代名詞にもなっていくのである。

それにしても、バブルの残り香漂うこの時代に、音楽シーンの動向に惑わされることなく、ここまでシンプルで内省的な作品を生み出したことにあらためて驚かされる。玉置浩二が孤高のヴォーカリストであり続ける理由が、いやというほどわかる心に響くアルバムだ。

小沢健二

オザワケンジ

犬は吠えるがキャラバンは進む

1993年9月29日発売
EASTWORLD

01. 昨日と今日
02. 天気読み mastered for album
03. 暗闇から手を伸ばせ mastered for album
04. 地上の夜
05. 向日葵はゆれるまま
06. カウボーイ疾走
07. 天使たちのシーン
08. ローラースケート・パーク

フリッパーズ・ギターの解散後、小沢健二の変貌ぶりには誰もが驚かされた

デビューからあっという間に解散まで駆け抜けたフリッパーズ・ギターは、音楽シーンに多大な影響を及ぼしたが、解散後も彼らは話題を振りまき続けた。Cornelius名義で活動を始めた小山田圭吾は、アシッド・ジャズやギター・ポップなどの影響下にあるサウンド作りでフリッパーズ・ギターのおしゃれな音楽性を踏襲していたが、小沢健二の変貌ぶりには誰もが驚かされた。先行シングル「**天気読み**」はグルーヴィーながらもオーセンティックなバンド・サウンドであり、しかもシングルのジャケットにはおよそフリッパーズとは接点がなさそうなアリス・クーパーのTシャツを着た姿で佇んでいたからだ。

示唆的なタイトルを持つソロ・デビュー作は、まさに周りがどう言おうとわが道を突き進むという小沢健二のアティテュードを端的に表しているといえるだろう。実際に、ここで展開される音楽は、明らかにこれまでの彼の足跡を捨て去ったように見えたし、さらに言えばまったく時代に逆行しているようにも感じられた。サウンド志向の〝渋谷系〟から、自身の内面を反映した〝個の音楽〟へと変貌したのである。

サウンド面に関しては、アーシーという表現がぴったりかもしれない。冒頭の「**昨日と今日**」から野太いリズム・セクションに乗せて歌い出すファンキーなロック・チューンだし、「**地上の夜**」はエリック・クラプトンの「Willie And The Hand Jive」の影響が色濃いいなたさを感じさせるスワンプ・ロック。他にも、ブルージーなピアノから始まる「**向日葵はゆれるまま**」や、フォークロック風の「**カウボーイ疾走**」などサンプリングで音を詰め込んでいた時代とは真逆のアプローチを行っており、まるで70年代からタイムマシンでやってきたかのような感覚がとにかく斬新だ。

なかでも13分半に及ぶ大作「**天使たちのシーン**」におけるゆったりとたゆたうグルーヴは、ただただ心地良く本作の中核を成している。これらの魅力にはもちろんミュージシャンの力も大きく、ドラムスの青木達之（東京スカパラダイスオーケストラ）、ベースの井上トミオ、ピアノの中西康晴など卓越したメンバーがクレジットされているのも特筆すべきだろう。

さらに大きな特徴といえるのが、彼が書く歌詞の世界観だ。基本的には英語のフレーズを使わずに日本語で情景や心情を描いていくのだが、いずれも行間を読ませるような文学的表現が感じられ、ありきたりのラブソングは一切ない。ただ無邪気なようでもあり、そこはかとなく哲学を感じる瞬間もあって、いろんな解釈ができるのもユニークだ。

小沢健二は1994年に発表したセカンド・アルバム『LIFE』でさらにソウルフルさを増して音楽性を確立したと言われているが、彼の本質はこの初々しいファースト・アルバムにしっかりと閉じ込められているように思う。

福山雅治

フクヤママサハル

Calling

1993年10月21日発売
BMG Victor

01. Calling
02. All My Loving
03. Moon
04. 言い出せなくて…
05. KISS AND KILL ME
06. 恋人
07. 遠くへ
08. MELODY
09. Marcy's Song
10. IN THE CITY
11. IN MY HEART
12. Good Luck

日本のトップ・アクターであると同時に、ミュージシャンとしてもまた頂点に上り詰めた稀有な存在

俳優兼シンガーなんていうと、役者仕事の片手間に歌っているというイメージがあるかもしれない。ただ、それはあくまでも俳優業を主軸に、たまに歌うという場合のこと。ミュージシャンを軸足としているのならば、また話が違う。福山雅治は日本のトップ・アクターであると同時に、ミュージシャンとしてもまた頂点に上り詰めた数少ないひとりだ。90年代のトレンディ俳優は軒並み、歌手としての活動を行っている。吉田栄作、織田裕二、江口洋介、反町隆史など大ヒットを飛ばしたスターたちも数多い。ここで優劣を付けるつもりはないが、その中で最も成功したのが福山雅治なのは間違いない。

とはいえ、シンガーとしての福山雅治は最初から順風満帆だったわけではない。1988年に福岡から上京した彼は、映画のオーディションに合格して俳優としてデビューするが、どうしても音楽活動をしたいと思い、俳優のオファーを断り続けながら1990年に

CDデビュー。最初の2年間はまったくヒットが出ず、アーティストとしての評価を得ることができなかったが、1992年に出演したドラマ『愛はどうだ』の挿入歌に、5枚目のシングル「Good night」が使用されてスマッシュ・ヒット。俳優としてもシンガーとしてもステップアップするのである。

本作は、アルバム単位でも完全にブレイクしたと言える5作目のオリジナル作品。先行シングルの「MELODY」と「All My Loving」はいずれもCMタイアップもあって大ヒットを記録している。前者はブルース・スプリングスティーンを思わせるストレートなアメリカン・ロック、後者はファンキーなギターのカッティングで始まるモータウン調のリズムがゴキゲンなロックンロールだ。福山雅治のヴォーカル自体は多少ざらついた味わいがあるとはいえ、強靭さというよりもどこかソフトな印象が残る。そのため、泥臭いバンド・サウンドをバックにしていても爽快感を残してくれるのが強みだろう。

その一方で、ノスタルジックなロッカ・バラードの「Moon」や、フォーキーで切ないラブソング「恋人」、アルバムを締めるメロディアスな「Good Luck」といった繊細なナンバーにおける表現力はさすが。俳優と両立しているシンガー・ソングライターならではといったところだろうか。

本作はすべての詞曲を福山雅治本人が手掛け、小原礼、斎藤誠、佐橋佳幸といったベテラン勢がタイトでオーソドックスなアレンジを施している。浜田省吾やSIONの影響を感じさせるソングライティングは、けっして奇をてらうことなく真摯な彼のスタイルが伝わってくるし、メロディメイカー、ストーリーテラーとしての才能も感じられる。90年代のトレンドにしては飾り気が無さすぎる気もするが、だからこそ多くのリスナーに受け入れられたのではないだろうか。

松任谷由実

マツトウヤユミ

U-miz

1993年11月26日発売
Express

01. 自由への翼
02. HOZHO GOH
03. 真夏の夜の夢
04. この愛にふりむいて
05. XYZING XYZING
06. 11月のエイプリルフール
07. 只今最前線突破中
08. Angel Cryin' X'mas
09. July
10. 二人のパイレーツ

ビッグ・セールスを記録し続けてき松任谷由実の、アーティストとしてのひとつのゴールの形

ユーミンこと松任谷由実は、言うまでもなく日本の音楽シーンの頂点に立つアーティストのひとりである。数々のヒット曲、代表曲を挙げるだけでも字数が尽きるし、隠れた名曲と言われる楽曲の数も膨大だ。では、ファンの思い入れのようなものは度外視して、彼女の音楽家としてのピークはいつなのかというと、これもまた人それぞれ意見が違うだろう。デビュー時の荒井由実時代にすでに才能を出し尽くしているという人もいれば、80年代のライフスタイルと彼女の音楽がリンクしていった時期にユーミン像が完成されたという意見も多いはず。ただ、セールス的なピークは90年代に入ってからであることは間違いない。『天国のドア』（1990年）から『KATHMANDU』（1995年）まで、すべてミリオン・セラーというから驚異的だ。その真っただ中に発表された本作は、ビッグ・セールスのアーティストとしてはゴールの形のひとつといってもいいだろう。

しかし、この時代のユーミンは、彼女のコアなファンからの評価は千差万別である。あまりにもマスな音楽になってしまったため、本来の彼女の良さが希薄だという声も聞く。等身大の女性像と恋愛観を描いていた80年代の諸作品と比べると、スピリチュアルな志向性が強くなっているのも理由だろう。スケールが大きくなった反面、女性が自己投影するというよりも、もっと幅広いリスナーに向けたメッセージになっているのだ。

それはオープニングのフュージョン風に始まる「**自由への翼**」から顕著で、ナバホ族の生き方をヒントに作られたという「**HOZHO GOH**」も同じように包容力のあるポップ・ソングだ。続く「**真夏の夜の夢**」は言うまでもなく、ドラマの主題歌として大ヒットを記録した90年代を代表する一曲で、ユーミン流のラテン・ロックというべきコアなナンバーである。オーケストラ・ヒットやシンクラヴィアが響くド派手なアレンジ、鈴木茂のソリッドなギター・ソロがフィーチャーされたトラックと、情熱的な歌詞とのギラッとしたマッチングはやはりこの時期のユーミンらしい攻めた一曲だ。

アートワークからもわかる通り、アルバムに通底するテーマは〝サイケデリック〟。ただ、70年代の頃のサイケというわけではなく、ディープな「**XYZING XYZING**」やヘヴィ・ファンク調の「**只今最前線突破中**」、そして神秘的なムードの「**July**」などの濃厚な感覚のことだろう。それらが極彩色と言われると、確かにそう感じられる。松任谷正隆を中心にした日本のミュージシャンだけでなく、リーランド・スカラーやジェリー・ヘイといった海外の一流プレイヤーを要所で起用したサウンド・プロダクションも贅沢極まりない。そして何より、ユーミンにしか作り得ない壮大な楽曲群に圧倒される。モンスター化した90年代のユーミンの面白さが、本作に詰まっているのである。

広瀬香美
ヒロセコウミ

SUCCESS STORY

1993年12月16日発売
ビクターエンタテインメント

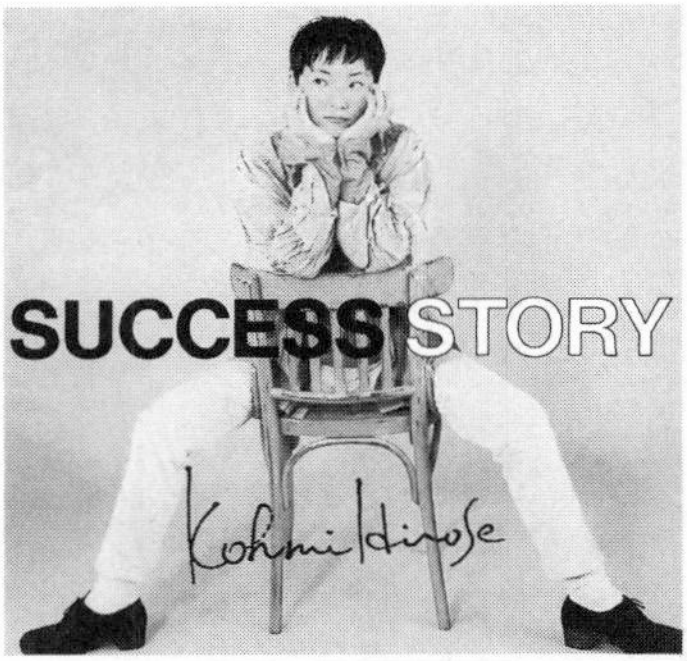

01. Introduction -Make me smile
02. ロマンスの神様
03. SUCCESS STORY
04. How To Love
05. Dear
06. Make me smile (reprise)
07. 生きがい
08. 二人の Birthday (LA.Mix)
09. 恋人募集中
10. Tomorrow
11. お引っ越し

CMタイアップのヒット曲の印象が強いが、実はアルバムという形式でこそ聴き応えがある歌い手

原田知世が主演した映画『私をスキーに連れてって』が大ヒットしたのは1987年。この後スキー・ブームが到来し、バブル経済を引きずった90年代初頭の大学生や若者たちにとって、冬休みにはスキーやスノーボードに出かけることがデフォルトとなった。1993年の冬がスキー人口のピークだったと言われており、そのタイミングで大ヒットしたのが広瀬香美の「**ロマンスの神様**」だ。女性が男性との出会いに期待するというキュートなラブソングで、歌詞の内容は特にスキーとは関係はなかったが、スポーツ用品店アルペンのCMソングに使用されて大ヒットを記録。タイアップ効果もあって、スキー場での出会いの歌だと思い込んで聴いているリスナーも多かった。以降は毎年のようにアルペンのCMソングを手掛け、一時は〝冬の女王〟などと呼ばれるようになるのである。

「**ロマンスの神様**」を聴けばわかる通り、彼女の魅力はその圧倒的な声量と音域の広い歌声だ。幼少時からピアノの英才教育を受けて、音楽大学で作曲を専攻。ロサンゼルスでポップ・ミュージックに目覚め、マイケル・ジャクソンやスティーヴィー・ワンダーなどのヴォイストレーナーとして知られるセス・リッグスにヴォーカルを師事した本格派だ。そして、1992年にアルバム『Bingo!』でデビューする。実はこのデビュー作には藤原ヒロシやビブラストーンのOTOなどがアレンジで参加し、続く『GOOD LUCK!』（1993年）では鷺巣詩郎やピチカート・ファイヴの小西康陽を起用。いわゆる渋谷系やクラブ・ミュージック寄りの方向性だった。ただこの路線ではセールスにつながらず、背水の陣で臨んだ**「ロマンスの神様」**が起死回生のヒットとなる。

3作目のアルバムとなった本作は、デビュー当時から才能を見せていた全曲の詞曲を広瀬香美自身が手掛け、小西貴雄や服部隆之などがサポートしているが大半の楽曲でアレンジにも関わっている。それまでの少しスノッブなイメージにとらわれることなく、全体的にシンセサイザーを使った派手なサウンドにシフトチェンジ。彼女のポップな歌詞やメロディを華やかに演出することに成功した。少しオールディーズっぽさを取り入れたゲレンデが舞台のラブソング**「How To Love」**、ストリングスを導入して切なさを強調したクリスマスソング**「Dear」**、少しレトロなエレクトロ・スウィング・ポップ**「生きがい」**、ラテン・テイストを交えた**「恋人募集中」**など、いずれもキャッチーでストーリー性のある楽曲群が揃っている。80年代のユーミンに通じる女性目線の世界観も徹底しているのだ。

広瀬香美というとどうしてもCMタイアップのヒット曲の印象が強いが、実はアルバムという形式でこそ聴き応えがある歌い手だ。粒揃いの佳曲で構築された本作は、**「ロマンスの神様」**だけでは評価しきれない極上のポップ・アルバムなのである。

1994

Eien no
yume ni
mukatte
Maki
Ohguro
THE BOOM
COLUMBIA RECORDS PRESENTS
ORANGE SUNSHINE

trf
ティーアールエフ

WORLD GROOVE

1994年2月9日発売
avex trax

01. WORLD GROOVE 1st.chapter (Forest Ambient)
02. feel the CENTURY
03. 寒い夜だから… (SEQ OVER DUB MIX)
04. CAMILLE CLAUDEL
05. WORLD GROOVE 2nd.chapter
06. Waiting Waves（夏の気分を待ちわびて）
07. Silver and Gold dance (Remix)
08. Beauty and Beast
09. 愛がもう少し欲しいよ
10. Winter Grooves
11. WORLD GROOVE 3rd.chapter (main message)
12. 私が望むもの…あなたが欲しいもの (Do what you want)

コアなダンス・ミュージックを実験的に取り入れた、小室哲哉によるTKサウンドを象徴するアーティスト

小室哲哉が関わったTKサウンドは、90年代の象徴のひとつである。TM NETWORKのメンバーとして80年代を席巻した小室哲哉だが、90年代初頭にはavex traxとプロデューサー契約を結んだ。1990年に設立されたavex traxはユーロビートのコンピレーション・アルバムを多数リリースしていたレーベルだったが、数年後にJ－POPの市場への参入を画策。その最初期のアーティストのひとつが、小室哲哉全面プロデュースによるtrfだった。

trfのグループ名の由来は、小室哲哉が主宰するクラブイベント「TK RAVE FACTORY」であり、あくまでもイベントに出演するための流動的なユニットだったという。メンバーには、ダンスチームのZOOからYU-KI、同じくダンスチームMEGA-MIXからSAM、ETSU、CHIHARU、そしてThe JG'sというリミックス・チームで活躍していたDJ KOOが集められ、1993年にシングル「GOING 2 DANCE/OPEN YOUR MIND」

とアルバム『trf ~THIS IS THE TRUTH~』でデビューを果たす。ダンサーとＤＪがいるユニットは当時画期的で、2作目のシングル「EZ DO DANCE」がＣＭタイアップで露出が増えたこともあり、ディスコやクラブ・シーンだけでなく一気に一般層での人気が高まった。

本作は勢い付いていた時期に発表された3作目のアルバムで、ミリオン・セールスを記録する大ヒットとなった。ヒットの要因はやはり先行シングルとなった**「寒い夜だから…」**の力が大きいだろう。一度聴いただけで覚えられるキャッチーなサビのフレーズは、小室哲哉が狙っていた〝カラオケで歌えるダンス・ミュージック〟をわかりやすく具現化した一曲でもある。他にもトランスを取り入れたクールながらもダンサブルな**「Silver and Gold dance」**や、ミディアム・テンポで大人っぽく落ち着いた雰囲気を演出した**「愛がもう少し欲しいよ」**が既発シングルで、いずれもミックス違いをアルバムに収録している。

ただこういったシングル楽曲以外は、かなりコアなダンス・ミュージックを実験的に取り入れている印象が強い。トランシーなテクノの高揚感を絶妙に盛り込んだ**「feel the CENTURY」**、タイトなビートにアンニュイな空気感を取り入れた**「CAMILLE CLAUDEL」**、そしてH Jungle With t「WOW WAR TONIGHT ～時には起こせよムーヴメント」（1995年）のプロトタイプとも言えそうなラガマフィン・レゲエ風の**「Waiting Waves（夏の気分を待ちわびて）」**など、とにかく世界中のシーンにアンテナを張り巡らせて得たダンス・ビートをＴＫサウンドのフィルターを通して再構築されているのだ。

trfの登場により、ＤＪやダンサーがいるグループは増えていき、カラオケで歌えるダンス・ミュージックも何ら珍しくはなくなった。そうした意味においても、彼らが作り出した音楽は非常に画期的だったのである。

藤井フミヤ
フジイフミヤ

エンジェル

1994年4月6日発売
PONY CANYON

01. BIRTH
02. BODY
03. 609
04. 女神（エロス）
05. 白い太陽
06. 告白
07. 堕天使
08. 落陽
09. TRUE LOVE
10. エンジェル

チェッカーズ時代の自分を弔い、新生・藤井フミヤを強調するかのような作品

ドクッ、ドクッという心臓の音からスタートするドラマティックなスロー・ナンバー「**BIRTH**」。深遠で壮大なオープニングは、どこかSF的な雰囲気もあり、なおかつロマンティックでもある。藤井フミヤの初めてのソロ・アルバムは、生命の誕生から死に至る「生」と「性」がテーマといってもいいだろうか。実にスケールの大きな作品となっている。

彼がチェッカーズのフロントマンとしてデビューしたのは1983年。「ギザギザハートの子守唄」を皮切りに「涙のリクエスト」や「ジュリアに傷心（ハートブレイク）」といった特大ヒットを飛ばし、ロック・バンドでありながらお茶の間のアイドルとしても絶大な人気を誇っていた。しかし、彼らも大人になるにしたがって音楽性も変化。80年代後半からセールスも陰りを見せ始め、90年代以降も「Blue Moon Stone」のようなクオリティの高いポップ・ソングを生み出していたが、1992年末についに解散した。

藤井フミヤはソロ・アーティストとなるにあたり、新しいスタイルを模索していたのだろう。その契機となったのが、本格的なソロ・シングル「**TRUE LOVE**」だ。アコースティック・ギターのストロークを軸に佐橋佳幸がアレンジを施したシンプルなラブソングは、テレビドラマ『あすなろ白書』の主題歌として200万枚を超える大ヒットを記録。チェッカーズのアイドル的なイメージからの脱却に見事成功したのである。

ただ、その後作られた本作はさらに進化。前述の通りコンセプチュアルな作品であり、彼の先鋭的な志向性が色濃く出ている。小原礼が弾くゴリゴリとしたベースに乗せてシャウトする「**BODY**」、Charのギター・ソロを配したアメリカン・ロック・テイストの「**609**」、ブルージーな味わいが憂いを醸し出す土屋昌巳作曲の「**堕天使**」といった、大人っぽさを売りにしたロックがメインで、一流のセッション・ミュージシャンたちが隙なくサポートしている。とりわけ、Mr.Childrenの桜井和寿が楽曲提供したグルーヴィーなロックンロール「**女神**(**エロス**)」は、セクシーな歌詞のイメージもあって、「**TRUE LOVE**」とは違う男の色気を打ち出した。また、藤原ヒロシが作曲したフォーキーかつサイケデリックな「**白い太陽**」などもあり、一筋縄ではいかない雰囲気がアルバム全体に漂っている。メインストリームと対峙しつつも、渋谷系を横目で見ているようなプロダクションは非常にユニークだ。

本作最大のクライマックスは、7分近くに及ぶ大作「**エンジェル**」だろう。70年代のUKロックのようなレイドバックしたアレンジと、愛をテーマにしながらも死の香りが濃厚に漂う歌詞が見事にマッチした傑作である。そしてラストは再び、心臓の鼓動を響かせて本作は幕を閉じるのだ。自身が全曲の歌詞を手掛けており、まるでチェッカーズ時代の自分を弔い、新生・藤井フミヤを強調するかのような作品である。

CARNATION
カーネーション

EDO RIVER

1994年8月21日発売
Nippon Columbia

01. Edo River
02. Be My Baby
03. I Am Saru
04. さよならプー
05. サイケなココロ
06. Speed Skate Sightseeing
07. ダイナマイト・ボイン
08. サマーデイズ
09. ローマ・函館
10. レター
11. 今日も朝から夜だった
12. Love Experience

初期の屈折した世界観をほんのりと匂わせながらも、新たな音楽を追求しようという意気込みが感じられる

〝東京から少しはなれたところにすみはじめて〟――そんな印象深いフレーズを盛り込んだ「**Edo River**」は、長い歴史を持つCARNATIONという異色ロック・バンドの代表曲のひとつである。耳鼻咽喉科という奇妙な名前で結成されたのが1981年。1983年に改名し、翌年にはケラが主宰するナゴムレコードから、後に森高千里がカヴァーしたことで知られる「夜の煙突」という楽曲のシングルでレコード・デビューを果たした。以来、メンバー・チェンジを繰り返し、音楽性も様々なジャンルを取り込んで変化していく。

初期のCARNATIONは、ポップ・センスはあったものの、XTCやムーンライダーズにも似たひねくれた感覚の楽曲が多かった。そのため、一部では評価が高かったものの、マニアックなバンドという印象でしかなかったのも確かだ。しかし、1994年にレーベルを移籍して発表した5作目のアルバムとなる本作は、ソウル・ミュージックやファンクの要素をふんだんに取り入れた作風がメインになっており、かなりポップに振り切った親しみやすい作品となっている。この時期のメンバーは、ヴォーカル&ギターの直枝政広（当時は直枝政太郎）の他、ギターの鳥羽修、キーボードの棚谷祐一、ベースの大田譲、ドラムスの矢部浩志。この5人編成時代を、彼らの最初の黄金期と評価するファンも多い。

その黄金期の火付け役となったのが、先述の名曲**「Edo River」**である。シンコペイトするピアノに導かれ、グルーヴィーなリズム・セクションに乗せて、直枝政広特有の語り口調のようなヴォーカルが聞こえてくる。女声コーラスにはBuffalo Daughterの大野由美子が参加しているのもスパイスになっている。だが、スタイリッシュな感覚ながら、都会の中心に向かっていたバブル時代の感覚から少し逸れて、そこはかとないサバービア感を演出していたのが何よりもの大きなポイントだろう。この視点は、混沌とした音楽シーンに対する俯瞰した視点にも重なっているようにも感じられる。

他にも、60年代のリズム&ブルース調に仕上げた**「Be My Baby」**、ティミー・トーマスを思わせるアレンジの**「さよならプー」**、疾走感に満ちたロックンロール**「ダイナマイト・ボイン」**、青山陽一がコーラスで参加したブルージーな**「今日も朝から夜だった」**、そしてホーン・セクションを交えて華やかにラストを飾る7分超えの**「Love Experience」**と、タイトなポップ・チューンがぎっしりと詰め込まれている。初期の屈折した世界観をほんのりと匂わせながらも、新たな音楽を追求しようという意気込みが感じられるのだ。

この翌年、さらにポップな感覚を推し進めたアルバム『a Beautiful Day』をリリース。先行シングル「It's a Beautiful Day」がスマッシュ・ヒットし、ポップ期のCARNATIONは大きなピークを迎えるのである。

Mr.Children
ミスター・チルドレン

Atomic Heart

1994年9月1日発売
Toy's Factory

01. Printing
02. Dance Dance Dance
03. ラヴコネクション
04. innocent world
05. クラスメイト
06. CROSS ROAD
07. ジェラシー
08. Asia（エイジア）
09. Rain
10. 雨のち晴れ
11. Round About ～孤独の肖像～
12. Over

アルバム構成にドラマ性を持ち込んだという意味においても、バンドにとって大きなターニング・ポイントであった

ミリオン・ヒット時代のモンスター・バンド。ミスチルことMr.Childrenがこれほどまでに巨大化したのは、やはり90年代の空気感にフィットしたからだろう。バブル景気が終焉を迎え、音楽業界は活況だったとはいえどこか不安が渦巻いていた90年代半ば。彼らのメッセージ・ソングは、爽快なサウンドを隠れ蓑にしながらお茶の間に浸透し、多大な影響力を及ぼしたのである。

ミスチルは前身バンドを経て、1988年からヴォーカル&ギターの桜井和寿、ギターの田原健一、ベースの中川敬輔、ドラムスの鈴木英哉の4人で固定される。1992年にファースト・ミニ・アルバム『EVERYTHING』でメジャー・デビューを果たし、1993年に発表した4枚目のシングル「CROSS ROAD」が日本テレビ系のテレビ・ドラマ『同窓会』の主題歌に抜擢。この曲がロング・ヒットをしている最中、今度はシングル「innocent world」が爆発的な大ヒットを記録し、4作目のアルバムとなる本作にたどり着くのだ。

前作『Versus』（1993年）から変化を感じるとしたら、どの楽曲も少し辛口で硬派な印象を受けることだ。その感覚は前哨戦でもあったシングル「**innocent world**」からも当時は伝わったはず。ラブソングではあるが、どこか不安な気持ちや不穏な社会の空気が感じられることが、多くの人々の共感を呼んで大ヒットした理由でもあるのだろう。冒頭の「**Dance Dance Dance**」などはもっと顕著で、ソリッドなカッティング・ギターが耳に残る攻めたバンド・サウンドに乗せて、〝売名行為〟や〝偽善〟といった言葉を含めた強烈なメッセージが歌われる。軽快に奏でられる応援ソング「**雨のち晴れ**」でさえ、〝単調な生活を繰り返すだけ〟という歌い出しからわかるように、その背景にあるのは陰鬱とした社会環境だ。

こういった桜井和寿のソングライティングの成長ぶりを堅実にサポートしたのが、デビュー以来の付き合いであるプロデューサーの小林武史だ。曲作りへのストイックな姿勢と、シビアなアレンジにより、バンドの5人目のメンバーとでもいうべきサポートぶりを見せつけた。機械音で構成されたオープニングの「**Printing**」や、文字通り雨の音を「**Rain**」と名付けた2つの効果音的なインストを配置することで、よりアルバムをコンセプチュアルに演出したのも彼の意向が大きいはず。アルバム構成にドラマ性を持ち込んだという意味においても、大きなターニング・ポイントであったといえる。そして、内容の充実度と比例するように、セールス面も急角度で上昇する。

この後ミスチルは、さらに精神性と社会性を深めた『深海』（1996年）と『BOLERO』（1997年）というディープでコンセプチュアルなアルバムを連発。より大きく、そして深く、バンドは新たな地平へと向かっていくのである。

テイ・トウワ

テイ・トウワ

Future Listening!

1994年10月21日発売
FOR LIFE

01. I Want Relax, Please!
02. Technova
03. Batucada
04. Luv Connection
05. Meditation!
06. Raga Musgo
07. Son of Bambi
08. Amai Seikatsu
09. Obrigado
10. Dubnova

ラウンジ・ミュージックと呼ばれる、聴きやすく心地よさを追求したサウンドがたっぷりと詰まっている

ハウス・ミュージックが一般的に広まったのは、ディー・ライトの登場からと言われている。1990年に大ヒットした彼らのシングル「Groove Is In The Heart」は一世風靡し、ダンスチャートで1位を獲得しただけでなく、ポップチャートでも全米で4位まで上昇。そのムーヴメントを生んだディー・ライトのメンバーに、日本人メンバーが交じっていたことでも話題になった。それが、Jungle DJ Towa-Towaとクレジットされていたテイ・トウワだ。そして、彼が日本に拠点を移し、初めてソロ名義で制作したアルバムが本作である。

テイ・トウワの音楽を一言で表すなら〝スタイリッシュ〟。とにかくオシャレなサウンドを作り出している。ちょうど渋谷系全盛期ということもあったのだろうが、ディー・ライトで見せたようなエッジーなダンス・ミュージックというよりは、いわゆるラウンジ・ミュージックと呼ばれる聴きやすく心地良さを追求したサウンドがたっぷり詰まっているのだ。

とりわけ、ブラジル音楽の影響が色濃いのもこのアルバムの特徴と言えるだろう。ここでのメイン・テーマといってもいいのが、テクノとボサノヴァを合体して作った造語がタイトルの「**Technova**（**La em Copacabana**）」だ。プログラミングされたボサノヴァのビートに、ジョアン・ジルベルトの娘でもあるベベウ・ジルベルトのヴォーカルがひんやりと響くクールな一曲だ。フェンダー・ローズが坂本龍一、キーボードがハウスDJの第一人者として知られる富家哲、サックスが清水靖晃という目もくらむような豪華なミュージシャンが参加しているのも特筆しておきたい。また、マルコス・ヴァーリの名曲「**Batucada**」のカヴァーも、ハウスとサンバが組み合わさったリズムの妙が味わえる。そして、アート・リンゼイとベベウ・ジルベルトのデュエットでしっとりと聴かせるアコースティックな「**Obrigado**」も素晴らしい。

ブラジリアン・テイストだけでなく、高野寛のエレクトリック・シタールをフィーチャーしたデイヴ・パイク・セットの「Matar」を思わせる「**Son Of Bambi**（**Walk Tuff**）」や、ピチカート・ファイヴ在籍時の野宮真貴が日本語ヴォーカルで参加したソフト・ラテン調の「**Amai Seikatsu**（**La Douce Vie**）」なども違和感なく収まっている。様々な音楽の要素を取り込み、時にはサンプリングを駆使しながら編み上げた洗練されたラウンジ・サウンドは、クラブ・ミュージックがどんどん多様化していったこの時代においては必然的な音楽だったのだろう。

テイ・トウワはDJやサウンド・クリエイターとしてはもちろん、映画やアニメのサウンドトラック、ファッションやアートとのコラボレーションなど活動の幅を広げていく。これらもまた彼のセンスやスキルを考えると、必然的な流れだったのである。

LUNA SEA
ルナシー

MOTHER
1994年10月26日発売
MCA VICTOR

01. LOVELESS
02. ROSIER
03. FACE TO FACE
04. CIVILIZE
05. GENESIS OF MIND ～夢の彼方へ～
06. AURORA
07. IN FUTURE
08. FAKE
09. TRUE BLUE
10. MOTHER

90年代後半に大量に生まれるV系バンドのシーンを牽引していったのは、LUNA SEAだと断言してもいいだろう

かなり乱暴な説明になってしまうが、XからBUCK-TICK、そしてLUNA SEAというのが、いわゆるヴィジュアル系バンド黎明期の大きな流れだ。90年代後半に雨後の筍のごとく大量に生まれるV系バンドのシーンを牽引していったのは、実質的にLUNA SEAだと断言してもいいだろう。それくらい彼らの影響力は大きく、そのDNAは多くのバンドに引き継がれていったのである。

ヴォーカルのRYUICHI、ギターのSUGIZO、ギターのINORAN、ベースのJ、ドラムスの真矢という5人が揃って活動を開始したのは1989年。1991年にはYOSHIKIが主宰するエクスタシーレコードからインディーズ・アルバム『LUNA SEA』をリリースして話題を呼び、翌1992年にメジャー・デビューを果たすのである。当初からCDセールスもライヴの動員も好調で、ツアーを行うたびに数万人動員するほどの人気を集めた。

そんな彼らにとって1994年は大きなステップアップとなった年で、7月にリリースしたシングル「**ROSIER**」がロング・ヒットを記録、続く9月リリースのシングル「**TRUE BLUE**」で初めてチャートの1位を獲得する。しかも、いずれもノンタイアップというからアーティスト・パワーがいかに増大していたかがわかるだろう。そして、その直後に発表して大ヒットしたのが、4作目のオリジナル・アルバムとなった本作である。

この当時の勢いと音楽性の充実ぶりは、作品全体から満ち溢れるようだ。冒頭の「**LOVELESS**」からディープな世界観と彼らの美学が感じられる。アコースティックからエレクトリックまで使い分けるギターの音色や、緻密でエフェクティヴな空間処理、そしてRYUICHIの妖艶なヴォーカルと、LUNA SEAが目指していたものが明確に伝わる一曲だ。そこから「**ROSIER**」へなだれ込む構成も見事だ。咆哮するギターや地を這い回るようなベース・ラインなどによるこの曲のスピード感は、そのまま人気とセールスがうなぎのぼりだった状況を物語っている。パーカッシヴなリズムにえぐられるような「**CIVILIZE**」、性急な2ビートを繰り出す「**IN FUTURE**」、歌謡性や大衆性を感じさせながらもタイトに攻め込む「**TRUE BLUE**」と、いずれも暗闇の中を突っ走るような疾走感が充満しているのだ。そして、これらをSUGIZOのヴァイオリンをフィーチャーした壮大なスロー・ソング「**MOTHER**」で収拾する構成も見事だ。

高度な音楽性、確かな演奏力、カリスマ性のあるヴィジュアル、そしてバンド全体から湧き出る濃厚な音圧と、お茶の間に届くほどのポピュラリティ。LUNA SEAは、これらすべての要素を併せ持った稀有なバンドであったからビッグになったのだ。本作はそのことをあらためて実感させられる傑作アルバムである。

シャ乱Q

シャランキュー

劣等感

1994年11月2日発売
ZIGZAG

01. プライド
02. 女友達
03. 恋をするだけ無駄なんて
04.「ずっと愛してる」
05. シングルベッド
06. 自惚れて Fall in Love
07. きっと
08. 同棲
09. はしゃぎ過ぎた夏
10. 相棒 ~For all of my Brothers~

コミカルな要素を存分に持ち合わせた異色のロック・バンド
まさに唯一無二というのは彼らに当てはまる言葉だろう

髪型、メイク、ファッションと、どこを切り取ってもギラギラとしたド派手なバンド。見た目だけではなく、冗談なのか本気なのかわからないインパクトのある歌詞やサウンドに彩られた歌謡ロック。コミカルな要素を存分に持ち合わせた異色のロック・バンドとして、シャ乱Qは登場した。まさに唯一無二というのは彼らに当てはまる言葉だろう。

１９８８年に３つのバンドが分裂して生まれたシャ乱Qは、ヴォーカルのつんく、ギターのはたけ、ベースのしゅう、ドラムスのまこと、キーボードのたいせいという５人編成。関西のアマチュア・バンドが集まる大阪城公園でのストリート・ライヴで人気を集めた。そしてＮＨＫが主催する「ＢＳヤングバトル」というコンテストでグランプリを獲得したことをきっかけに音楽関係の各社で争奪戦となり、１９９２年にメジャー・デビューを果たすのだ。当初はまったく売れずに苦戦したが、「これが売れないと解散」といわれた１９

94年発表のシングル「上・京・物・語」がじわじわとチャートを上昇。さらに「**シングルベッド**」がロング・ヒットを記録し、シャ乱Qの知名度が一気にアップする。

本作は、大ブレイク前夜といえる時期に制作された2作目のオリジナル・フル・アルバムで、「**恋をするだけ無駄なんて**」と「**シングルベッド**」の2曲の先行シングルが収められているが、やはりこの2曲のクオリティが非常に高い。グルーヴィーで少し浮遊感のあるバンド・サウンドに乗せて悲しい破局を歌う「**恋をするだけ無駄なんて**」と、アコースティックに始まりパワフルかつ壮大に展開していく泣きのバラード「**シングルベッド**」は、この時点での彼らの代表作であることは間違いない。メイン・ソングライターであるつんくとはたけのヒットのツボを突いた楽曲作りには感嘆させられる。

彼らは様々な音楽スタイルを取り入れており、器用なセンスも多くのファンを獲得した理由だろう。スカやラテンのテイストを咀嚼した「**プライド**」、プログレ・ハードのような仰々しいイントロが印象的な『**『ずっと愛してる』**』、オールディーズ・スタイルを踏襲したマイナー調の「**自惚れて Fall in Love**」、おしゃれでメロウなポップ・チューン「**同棲**」、モータウン・ビートがゴキゲンな「**相棒 ~For all of my Brothers~**」となんでもあり。そしていずれも昭和歌謡的な親しみやすいメロディを持ち、つんくのクセの強いヴォーカルで歌われるのだ。

彼らはその後も「ズルい女」、「空を見なよ」、「いいわけ」といった特大ヒットを連発し一時代を築く。そして、つんくはモーニング娘。を手掛けてヒット・クリエイターとなるが、彼の歌謡性、大衆性を嗅ぎ取る力は、すでに本作における大ブレイク前のシャ乱Qからも感じられるはずだ。

大黒摩季
オオグロマキ

永遠の夢に向かって

1994年11月9日発売
B-Gram RECORDS

01. 永遠の夢に向かって
02. ROCKs
03. 戸惑いながら
04. あなただけ見つめてる
05. Return To My Love
06. Stay with me baby
07. 孤独ヶ丘に見える夕陽
08. GYPSY
09. 白いGradation
10. Rainy Days
11. 夏が来る

ビーイングのヒット戦略にピタッとはまったことで、老若男女あらゆる世代にアピールした稀有な存在

いつの時代にも熱唱系ヴォーカリストは存在するが、大黒摩季はその歌のパワーを生かして大ヒットを飛ばしたシンガーの代表的なひとりだ。誰が聴いても圧倒的な音圧を感じさせる声を駆使し、ヘヴィなロックから壮大なバラードまで歌いこなした。しかも、ビーイングのヒット戦略にピタッとはまったことで、老若男女あらゆる世代にアピールした稀有な存在でもある。

大黒摩季は、中学生の頃からアマチュア・バンドのヴォーカルを務め、地元の札幌では少し知られた存在となっていた。高校卒業後は上京し、ビーイングで下積み生活を送る。その間に、ZARDやTUBEなどのコーラスをしていたことは有名な話だ。満を持して、1992年に刑事ドラマの主題歌「STOP MOTION」でデビュー。続くセカンド・シングル「DA・KA・RA」がCMタイアップ効果でミリオン・ヒットとなり、一躍注目されるようになった。その後も「チョット」(1

993年)、「別れましょう私から消えましょうあなたから」(1993年) など発表する曲はすべてヒットし、アニメ『SLAM DUNK』の主題歌となった「**あなただけ見つめてる**」で再びミリオン・ヒットを記録。その勢いのままに発表したのが、オリジナル・アルバムでは4作目の本作である。

オープニングは、シアトリカルでハード・ロック風のイントロから始まるタイトル曲「**永遠の夢に向かって**」。先行シングルとしてヒットしたこの曲が象徴するように、豪快なサウンドとそれに負けない強靭なヴォーカルは、彼女の専売特許といってもいいだろう。続く「**ROCKs**」もその路線を踏襲し、〝女もギンギン立つくらい罪深いROCKしようぜぃ〟という歌詞が大黒摩季というシンガーのスタンスを物語っている。全体的にこういったハード・ロック路線がメインだが、少し憂いのあるポップ・チューンの「**戸惑いながら**」やオリエンタル風味をまぶした「**GYPSY**」、アコースティックなバラード「**Rainy Days**」などもバランスよく並び、圧倒的な声量とヴォーカル・テクニックを見せつけてくれる。

変化球ということでいえば、ファンキーでダンサブルなビートに乗せた「**Return To My Love**」や、ほのかにラテン・テイストを加えながら夏っぽさを演出したヒット・シングル「**夏が来る**」などもあるが、いずれもヴォーカルが前面に飛び出してくるかのよう。力でゴリ押しするだけでなく、ゴスペルのように壮大な「**Stay with me baby**」を歌いこなせるのも見事だ。

一部は栗林誠一郎が作曲しているが、基本的には大黒摩季自身が詞曲を手掛けているということもあり、歌い手としてだけでなくクリエイターとしても確固たる世界を持っている。そこが彼女の強みであり、ただパワフルなだけでなく説得力を持って人々を魅了した理由なのだろう。

THE BOOM

ザ・ブーム

極東サンバ

1994年11月21日発売
Sony Records

01. Human Rush
02. 風になりたい
03. TOKYO LOVE
04. Far east samba
05. 帰ろうかな
06. carnaval －カルナヴァル
07. Poeta
08. モータープール
09. 東京タワー
10. It's Glorious
11. berangkat －ブランカ
12. 10月
13. それでも気車は走る
14. HAJA CORACAO

実験性と創造性を兼ね備えたニュートラルなロック・バンドによる、ひとつの完成形

ブラジルには〝サウダージ〟という言葉がある。〝郷愁〟と訳されることも多いが、あくまでもブラジル特有の言葉であり、なかなか日本人には伝わりにくい。しかし、THE BOOMの「**風になりたい**」はサウダージな感覚を日本語ポップスに落とし込んだ稀有な作品といってもいいかもしれない。切なくもどこか懐かしいメロディや、パーカッションとコーラスが盛り上げるサビの高揚感は、この感覚をわかりやすく伝えるには申し分ないといえる。

THE BOOMは当初、スカやパンクを取り入れたロック・バンドとして原宿のホコ天で人気を博し、1989年にメジャー・デビューを果たした。ヴォーカルの宮沢和史をフロントに、ギターの小林孝至、ベースの山川浩正、ドラムスの栃木孝夫を加えた4人のメンバーは、1987年の結成から2014年に解散するまで不動だった。一介のロック・バンドだった彼らの風向きが変わったのは、和楽器や沖縄音階を楽曲に取り入れ始めた3作目のアルバム『JAPANESKA』(1990年)からであり、決定打となったのが沖縄音楽を取り入れ、1993年に国民的なヒットとなった「島唄」である。

THE BOOMの音楽探求の旅は、沖縄に留まらなかった。「島唄」の大ヒットから約2年後、彼らが向かったのは地球の反対側ブラジルである。もともとレゲエやスカといったジャマイカ音楽からの影響があったとはいえ、本作におけるブラジル音楽への傾倒ぶりは潔い。その完成形がサンバのパーカッション・アンサンブルを土台にした**「風になりたい」**だったが、他にもファンキーなビートにパーカッションが絡まる**「Far east samba」**、グルーヴィーかつメロウな雰囲気の**「carnaval ーカルナヴァルー」**、ジョアン・ジルベルトの影響を感じられるボサノヴァの**「Poeta」**、ブラジリアン・ジャズ風のトラックが心地よい**「東京タワー」**、ブラジル南東部のミナス・サウンドに通じる**「それでも気車は走る」**など、いずれも現地で通用するクオリティを誇る曲が揃う。

ただ、彼らの探求はブラジルに限定しているわけではなく、サルサとサンバが交差するアレンジがスリリングな**「Human Rush」**、ラテン・ジャズの楽しさをふんだんに取り入れた**「TOKYO LOVE」**、レゲエと祭囃子がミックスされた**「帰ろうかな」**、ガムランとケチャが入り混じる**「berangkat ー ブランカ」**までとにかく幅広く世界中のサウンドが取り入れられ、唯一無二の世界を作り出している。

THE BOOMは4人組の典型的な編成のロック・バンドだ。にもかかわらず、従来のロックのフォーマットにとらわれることなく自由なサウンドにたどり着き、結果的にバンドがステップアップしていった。実験性と創造性を兼ね備えたニュートラルなロック・バンドによるひとつの完成形が、〝サウダージ〟感覚に溢れた本作なのである。

JUDY AND MARY

ジュディ・アンド・マリー

ORANGE SUNSHINE

1994年12月1日発売
EPIC/SONY

01. POPSTAR
02. どうしよう
03. Hello! Orange Sunshine
04. RADIO
05. Cheese "PIZZA"
06. 小さな頃から
07. HYPER 90'S CHOCOLATE BOYFRIEND
08. キケンな2人 (Let'sGo! "DAIBUTSU" MIX)
09. クリスマス
10. 自転車
11. ダイナマイト

本作でのブレイクをきっかけに、90年代ガールズ・ポップの一時代を築く

女性ヴォーカルを擁するバンドは、どの時代においてもさほど珍しくはない。80年代にはすでにレベッカやPERSONZが成功していたし、ガールズ・バンドではプリンセス プリンセスやゴーバンズなどは定番化。90年代に入ってからもLINDBERGがヒットしていたため、ジュディマリことJUDY AND MARYがデビューした時も、よくあるバンドのひとつと捉えられてもおかしくはなかった。しかし、YUKIのキュートなルックスとキャラクター、舌っ足らずの歌い方、そしてパンクやロリータ系の斬新なファッションなど、これまでになかったガールズ・ポップを演出することに成功したのである。

ジュディマリは、PRESENCEやJACKS'N'JOKERというヘヴィメタル・バンドのメンバーだったベーシストの恩田快人が、映画のロケでエキストラに来ていた当時短大生だったYUKIと出会うところからスタートしている。バンドを結成した1992年にインディーズ・デビューをするが、この時はあくまでもYUKIをサポートするプロジェクトのようなものだったそうだ。しかし、恩田快人が本格的に活動することを決意し、ギターのTAKUYAとドラムスの五十嵐公太を交えた4人組バンドとして、メジャー・デビューが決定するのである。

1994年1月にリリースされたファースト・アルバム『J・A・M』は、全体的にタテノリのパンク色が強い作品だったが、およそ1年後に生まれた2作目の本作では音楽性の幅を広げているのが特徴だ。これはメインのソングライターだった恩田快人に加え、TAKUYAのポップ・センス溢れる楽曲がレパートリーに加わったからだろう。そしてこのバランスの良さが、ジュディマリの魅力につながっていったのである。

従来のパンク色やロック色という意味においては、やはり恩田快人が手掛けた楽曲が出色の出来だ。先行シングルでヒットした「**Hello! Orange Sunshine**」を始め、ドライブ感一杯の「**クリスマス**」、コーラスが印象的な「**自転車**」、セックス・ピストルズを思わせる「**ダイナマイト**」などはジュディマリの元気でキュートなパブリック・イメージそのもの。そして、どこかノスタルジックなミディアム・ナンバー「**小さな頃から**」のような楽曲があることでバランスを保っている。一方、TAKUYAのポップ感覚ということでいえば、のびやかにメロディが展開していく名曲「**RADIO**」が顕著な例だろう。レゲエ調の「**Cheese "PIZZA"**」などもあり、このあたりがバンドの新機軸といっていいのではないだろうか。

いずれにせよ、本作でのブレイクをきっかけに、ジュディマリは90年代ガールズ・ポップの一時代を築く。そして、音楽メディアのみならずファッション誌などにもYUKIが露出していったことで、Chara以来のファッション・リーダーに祭り上げられるのである。

90's J-Pop:050

1995

Strength
Toko Furuichi
Alive
Love Tambourines
WONDERFUL FISH
KAZUYOSHI SAITO
5th WHEEL 2 the COACH

斉藤和義
サイトウカズヨシ

WONDERFUL FISH
1995年2月1日発売
FUN HOUSE

01. WONDERFUL FISH
02. 走って行こう
03. 歩いて帰ろう
04. 何となく嫌な夜
05. 寒い冬だから
06. ポストにマヨネーズ
07. レノンの夢も
08. 例えば君の事
09. déjà vu
10. 無意識と意識の間で (Album Version)
11. 引っ越し

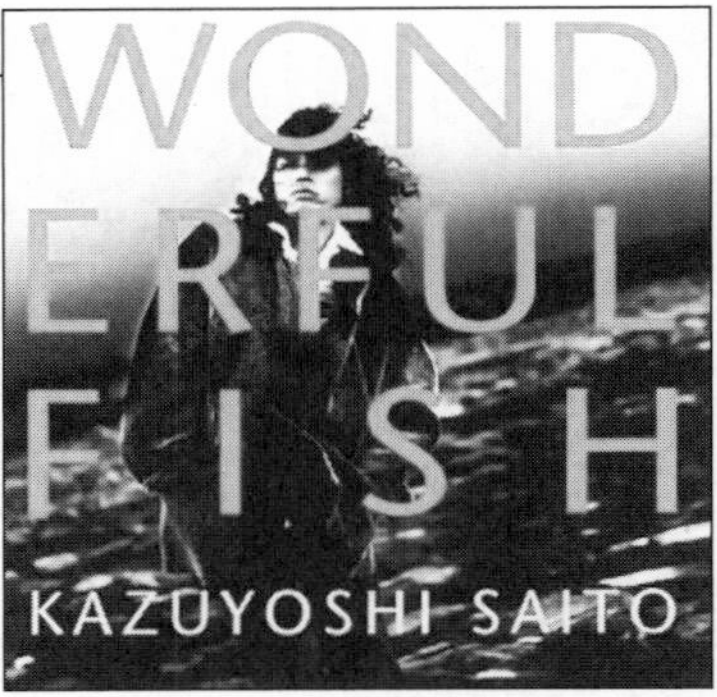

斉藤和義の音楽性の広がりを感じさせる重要なターニングポイント

バンド・ブームが落ち着いてきた90年代半ば頃から、アコースティック・ギターを抱えて歌うシンガー・ソングライターがどんどん増えてきたような印象が強い。その代表的なアーティストのひとりが斉藤和義だ。1993年に「僕の見たビートルズはTVの中」でデビューした頃は、そのタイトル通りソングライティング面においてはビートルズをはじめとするロックの影響を感じられたが、スタイルとしてはいわゆるフォーキーだった。しかし、徐々に様々なタイプの楽曲を前面に出すようになり、モータウン・ビートを取り入れたロックンロール・ナンバー「**歩いて帰ろう**」が子供番組のタイアップとなってスマッシュ・ヒットし、ファン層が大きく広がった。

このヒット曲を含む本作は、初期の代表作に数えられるものであり、彼の音楽性の広がりを感じさせる重要なターニングポイントでもある。そう言いたくなる理由のひとつに、ICEの宮内和之が3曲にアレンジャーとして参加しているからだ。ICEはいわゆる渋谷系やクラブ系の延長で語られることの多いソウルフルでグルーヴィーなサウンドで人気を博したグループだが、その文脈とは違う位置にいた斉藤和義との化学反応が起こっている。宮内和之が関わったタイトル曲の「**WONDERFUL FISH**」はアコースティック・ギターのストロークとファンクのリズムが上手く融合したファンキー・ロックに仕上がっており、先行シングルとなった「**déjà vu**」はシンセサイザーの音色を効果的に使った浮遊感溢れるミディアム・グルーヴの傑作だ。また、アンビエント的なバックトラックでアンニュイな雰囲気を作り上げた「**無意識と意識の間で**」なども、新境地といっていいセクシーな楽曲だった。

ただ、全編がこの路線ではなく、斉藤和義自身やデビュー当時からのプロデューサーである元オフコースの松尾一彦の編曲も佳曲揃いだ。ジャングル・ビートを取り入れたファンキーな「**走って行こう**」、ジャジーでフォーキーな「**寒い冬だから**」、冗談とも本気ともつかないハードだがユニークなロック「**ポストにマヨネーズ**」、カッティング・ギターがクールなファンキー・フォークの「**レノンの夢も**」とバラエティ豊か。ラストは9分に及ぶ少しサイケでプログレッシヴな大曲「**引っ越し**」で締める。ジャンルも幅広く、雑多な印象を受ける作品ではあるが、斉藤和義の才能が溢れんばかりに開花したアルバムと言い換えることもできる。この頃の作品に強い思い入れ持つファンが多いことも納得がいく。

その後も斉藤和義は、完全ひとり多重録音で作り上げたアルバム『ジレンマ』(1997年)や、多くのカヴァーを生んだバラードの名曲「歌うたいのバラッド」(1997年)を発表して高く評価される。しかし、真のブレイクに至るのは、2011年にドラマ・タイアップとなった「やさしくなりたい」まで待つことになるのだ。

LOVE TAMBOURINES

ラヴ・タンバリンズ

ALIVE

1995年2月25日発売
Crue-L Records

01. Love Alive
02. Free Your Mind
03. Dirty Blood
04. Call Me Call Me
05. Cherish Our Love
06. Marry Me Baby
07. Let Me Love You
08. It's A Brand New Day
09. Mama Don't Cry
10. Rain
11. I'm Alive

来たるべきジャパニーズR&Bブームの先駆者として、シーンを牽引してもおかしくなかった存在

インディーズからのリリースなのに、外資系CDショップで大々的に店頭展開。しかも全曲英語詞の日本人離れした感性の音楽で10万枚のセールスを記録。LOVE TAMBOURINESはとにかく何から何まで規格外のグループだった。仕掛け人はDJであると同時にCrue-L Recordsを主宰するプロデューサーの瀧見憲司。カヒミ・カリィやPort of Notesなどを手掛けた渋谷系ムーヴメントの最重要人物のひとりである。彼の嗅覚に引っ掛かったことは、バンドにとっても非常に重要なことで、ヒットしたり評価されたりするには、必ずしもメジャー・デビューする必要がないことを、身をもって示してくれたのである。

LOVE TAMBOURINESは、ヴォーカルのELLIEとギターとソングライティングを担当する斎藤圭市によって1991年に結成。当初は、フリッパーズ・ギターのメンバーたちも出入りしていた名物クラブである下北沢のZOOを拠点にライヴ活動を行っていた。その後、キーボードやパーカッションを含むバンド編成となり、1993年にEP「Cherish Our Love」でデビュー。翌1994年に2作目のEP「Midnight Parade」がロング・ヒットとなって話題となり、レゲエを取り入れた3作目のEP「Call Me Call Me」を経てフル・アルバムのリリースに至るのである。

ここで聴けるのは、ブラック・ミュージックの濃厚なエッセンスを湛えたソウルフルなナンバーばかり。ゆったりしたグルーヴに乗せたニュー・ソウル風の「**Love Alive**」に始まり、ファンキーなカッティング・ギターとリズム・セクションに乗せたジェームス・ブラウン直系のポップ・ファンク「**Free Your Mind**」、泣きのメロディをさらりと歌いこなした「**Marry Me Baby**」、野太くグルーヴィーなバンド・サウンドが強力なリズム&ブルース「**Mama Don't Cry**」など、ELLIEの豪快なヴォーカルが堪能できるナンバーがぎっしりと詰まっている。

一方で、切ないアコースティック・ソウルの「**Dirty Blood**」や、原点に立ち返るようなギターのみをバックに歌う「**Rain**」もある。エリカ・バドゥがナチュラル志向のR&Bを打ち出したのがちょうど本作の2年後であることを考えると、ネオ・ソウルよりも一歩早かったといってもいいだろう。

これほどまでにクオリティの高いアルバムを完成させたというのに、リリースから数か月後にはバンドとしての活動を休止。その年の11月に正式に解散を発表した。UAやCharaがブレイクするのは1996年から1997年にかけてであり、MISIAのデビューは1998年まで待たなければならない。LOVE TAMBOURINESもこのまま突き進んでいけば、来るべきジャパニーズR&Bブームの先駆者としてシーンを牽引してもおかしくなかったはずだが、残念ながら短くも美しく燃え尽きてしまったのである。

奥田民生

オクダタミオ

29

1995年3月8日発売
Sony Records

01. 674
02. ルート2
03. ハネムーン
04. 息子（アルバム・ヴァージョン）
05. これは歌だ
06. 女になりたい
07. 愛する人よ
08. 30才
09. BEEF
10. 愛のために
11. 人間
12. 奥田民生愛のテーマ

ギミックの多いUNICORNとは違い、等身大の奥田民生の音楽が凝縮されている

UNICORNは80年代末から90年代にかけての、日本のロック・シーンにおける最重要バンドのひとつである。デビュー当初はいわゆるビート・パンクといわれる若さを売りにしたロックを主体にしていたが、1989年に発表したアルバム『服部』以降は、ジャンルや編成を超越した音楽を作り続け、多くのヒット曲を残した。ただ、一方であまりにも多様なアイデアを詰め込んだ混沌とした音楽性だったこともあって、ロック・バンドとしてのフォーマットからどんどん逸脱。緻密な制作スタイルになっていったためか、バンドを維持できず、人気絶頂期だった1993年に惜しくも解散してしまうのである。

フロントマンの奥田民生は解散後、半年間の休養を経てソロ活動に取り組むことになった。そして、満を持して生み出されたのが、ファースト・ソロ・アルバムとなる本作である。タイトルは発表された時点での年齢であり、ギミックの多いUNICORNとは違い、等身大の奥田民生の音楽であるという意味も込められていたのだろう。

実際、どの楽曲をとってもいたってシンプルで自然体。ギターをかき鳴らしながら縁側で作ったかのような**「674」**に始まり、ロックンロール、ハードロック、フォークロックなどをフォーマットにしたポップ・ソングを繰り出していく。先行シングルとなった**「愛のために」**や**「息子」**もヒットしたとはいえ、彼らしいシニカルかつユニークな視点で切り取られた風景はあくまでも日常的。さらに言えば、ビートルズや70年代ロックなどをリファレンスにしたノスタルジックなサウンドが多く、当時のトレンドとは少し距離を置いたような感覚だった。

ただ、それでもレコーディングにはこだわり、ニューヨーク録音を敢行している。ドラムスのスティーヴ・ジョーダン、ベースのチャーリー・ドレイトン、ギターのワディ・ワクテル、キーボードのバーニー・ウォーレルという目もくらむような豪華なメンバーが参加しており、オーソドックスながらダイナミックなバンド・サウンドは、結果的に奥田民生のソングライティング能力を引き立てることに成功した。セッション・スタイルで聴かせる**「これは歌だ」**や、ストレートなロックンロール**「BEEF」**、哲学的な歌詞とアーシーなサウンドが絡み合う**「人間」**などは、ニューヨーク録音の成果といっていいだろう。

良曲揃いとはいえ、サービス精神旺盛なUNICORNに比べるとかなり不愛想といってもいいほどのアルバムであり、売れ線狙いとは程遠い印象がある。それでも多くのリスナーに支持され、**「愛のために」**の大ヒット効果もあってミリオン・セールスを記録。結果的に奥田民生のその後のソロ・アーティストとしての地位を確固たるものにした。そういった意味においても、非常に重要な第一歩となったソロ・アルバムなのである。

スチャダラパー

スチャダラパー

5th WHEEL 2 the COACH

1995年4月26日発売
EASTWORLD

01. AM0:00
02. B-BOYブンガク
03. ノーベルやんちゃ DE賞
04. 南極物語
05. 5th WHEEL 2 the COACH
06. サマージャム'95
07. ジゴロ7
08. ドゥビドゥ What?
09. The Late Show
10. From 喜怒哀楽
11. ULTIMATE BREAKFAST & BEATS
12. AM8:30

メインストリームにラップが違和感なく浸透したのは、スチャダラパーの功績といっていいだろう

スチャダラパーと小沢健二の「今夜はブギー・バック」、そしてEAST END×YURIの「DA・YO・NE」という1994年の2大ヒットは、ラップをお茶の間に浸透させる起爆剤だった。日本のヒップホップは80年代から脈々とシーンが形作られてきたが、あくまでもアンダーグラウンドなムーヴメントだった。よって、メインストリームにラップが違和感なく聞こえてくるようになったのは、スチャダラパーの功績といっていいだろう。

彼らは唐突に人気が出たわけではなく、登場した当初からサブカル好きの音楽リスナーからは注目度が高かった。1988年にMCのBoseとANI、DJのSHINCOという3人で結成されたスチャダラパーは、テレビドラマ『太陽にほえろ!』のテーマを使ってラップしたことがデビューのきっかけだったし、最初のアルバム『スチャダラ大作戦』(1990年)には歌謡曲やアニソンからのサンプリングをトラックに忍ばせ、クレイジーキャッツやドリフターズから拝借したフレーズをラップするなど、ハードコアなヒップホップ・ファン以外にも訴求するスタイルが新鮮だった。そもそもスチャダラパーというグループ名は、宮沢章夫率いる劇団ラジカル・ガジベリビンバ・システムの演目からヒントを得ており、メンバーも有頂天や筋肉少女帯が在籍したナゴムレコードからデビューしたいと考えていたというエピソードもある。

「今夜はブギー・バック」のヒットの後に初めて発表された本作は、スチャダラパーの5作目のアルバムであり、代表作に数えられる一枚である。最前線に躍り出た彼らは、そのままヒット路線を進むのではなく、音楽的にはドープな方向へ向かった。それまでの元ネタの面白さで聴かせることが多かったSHINCOのバックトラックは、ギミックを控えめにストイックでタイトなビートへと変化。BoseとANIのラップも言葉遊びやノヴェルティ・ソングっぽい要素が薄まり、ディスも含めた文学的な方向性にシフトチェンジしている。もちろん「**ノーベルやんちゃDE賞**」のようなコミカルなストーリーテリングで楽しませる作品もあるのだが、「**B-BOYブンガク**」や「**5th WHEEL 2 the COACH**」、「**From喜怒哀楽**」などは、ライムにも出てくる通り現代詩のような切れ味の言葉が連ねられている。

白眉は日本語ヒップホップのサマー・アンセムとなった「**サマージャム'95**」だ。メロウなトラックに乗せて語られる真夏の日常風景は、行間から蜃気楼が揺らめいているかのように気だるく心地良い。シリアスになり過ぎずに無常観を表現したという意味においても画期的な一曲といえるだろう。

渋谷系やサブカル好きのオシャレ少年少女に目配せしつつ、本場志向の硬派なB-BOYたちをうならせたという意味においても本作の役割は非常に大きい。日本のヒップホップ史に燦然と輝く傑作といっていい名盤である。

SMAP
スマップ

SMAP 007 ~Gold Singer

1995年7月7日発売
ビクターエンタテインメント

01. KANSHAして (wah wah version)
02. ルーズなMorning
03. 雨がやまない
04. しようよ (Let's do it)
05. 切なさが痛い
06. 感じやすい不機嫌
07. たぶんオーライ
08. 君がいない
09. 人知れずバトル
10. A Day in the Life
11. Alone in the Rain
12. それが僕の答え
13. Theme of 007 (James Bond Theme)

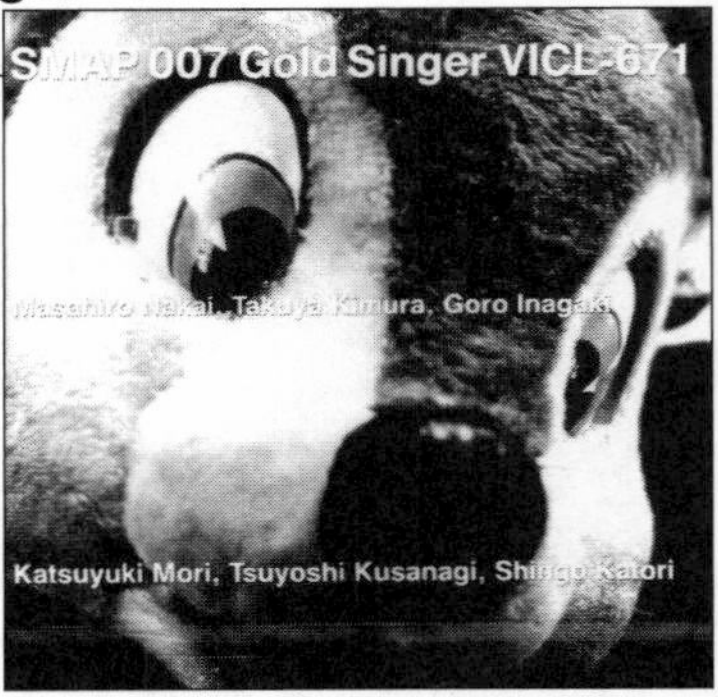

世界の頂点に立つセッション・ミュージシャンたちが参加した、国民的アイドルによる前代未聞の作品

国民的アイドル。天下のジャニーズ帝国のなかでもSMAPほど老若男女幅広く受け入れられたアイドルはいないだろう。1988年にジャニーズJr.から選抜された中居正広、木村拓哉、稲垣吾郎、草彅剛、香取慎吾、そして、その後脱退する森且行というメンバーで結成された6人組は、デビュー当初はなかなか路線が固まらなかった。他のグループに比べると、憧れの王子様でもなく、ダンスで魅せるわけでもないどこか中途半端な印象だったのだ。しかし、普段着感覚のファッションや、テレビのバラエティ番組への出演などでキャラ立ちすることによって徐々に人気を集め、ドラマや映画など俳優としても積極的に攻めていった。

音楽的にはデビュー当初こそジャニーズの王道路線だったが、徐々にクラブを意識したストリート感覚のあるダンサブルな方向性へと向かっていく。岩田雅之やCHOKKAKUといったブラック・ミュージックに精通したクリエイターを起用することが増え、1994

年に発表した6枚目のオリジナル・アルバム『SMAP 006 〜SEXY SIX〜』では、ニューヨークでレコーディングを敢行。この作品をきっかけに、海外の一流ミュージシャンを起用したアルバム制作が主流となっていくのである。

7作目となった本作は、前作に続きニューヨークで録音された贅沢な内容である。参加したのは、ドラムスのオマー・ハキム、バーナード・パーディー、デニス・チェンバース、ベースのウィル・リー、チャック・レイニー、ギターのハイラム・ブロック、ピアノのジム・ベアード、ホーン・セクションのブレッカー・ブラザーズなど、目を疑うような世界の頂点に立つセッション・ミュージシャンばかり。前代未聞の作品に仕上がっている。

先行シングルだった「**KANSHAして**」はワー・ワー・ワトソンのギターが唸るファンキーなヴァージョンに生まれ変わってオープニングを飾り、レコーディング・メンバーだけの演奏によるお遊び的なセッション「**Theme of 007**（**James Bond Theme**）」で締めくくるまで、まったく隙のない極上クロスオーヴァー・サウンドが堪能できる。特に、グルーヴィーでゴージャスなソウル・ナンバー「**雨がやまない**」、デヴィッド・T・ウォーカーのメロウなギターをフィーチャーした「**切なさが痛い**」、フィラデルフィア・ソウルのようなメロディアスな「**君がいない**」、ピアノのイントロからスリリングでファンキーな「**人知れずバトル**」などのクオリティには圧倒される。当時は「ヴォーカルの実力が見合っていない」と揶揄されることもあったが、一切手抜きをしないジャニーズらしさはさすがだ。

このあたりから音楽ファンも積極的にSMAPを評価するようになり、後に「夜空ノムコウ」や「世界に一つだけの花」といったヒットにもつながっていく。それを思えば、本作は分岐点でありSMAPを国民的アイドルへと押し上げる礎になったといってもいいのである。

小島麻由美

コジママユミ

セシルのブルース

1995年8月19日発売
PONY CANYON

01. おしゃべり！おしゃべり！
02. セシルのブルース
03. スキャット・ブルース
04. 恋の極楽特急
05. 先生のお気に入り
06. ディビ・ドゥビ・ダー
07. 蜜蜂
08. 結婚相談所
09. ろば
10. 皆殺しのブルース

“和”のムードが漂うドメスティックな感覚は、のちの椎名林檎やEGO-WRAPPIN'の世界観にも通じる

ジャズ、フレンチポップ、ラテン、サウンドトラック、昭和歌謡、etc……これらのジャンルに影響を受けたというと、まるで渋谷系のアーティストのようだ。小島麻由美は、そういった意味においては渋谷系に括られてもおかしくはないが、渋谷系として評価されることは少ない。おそらく様々な音楽ジャンルを取り入れているとはいえ、いずれも彼女自身の音楽として血肉化されており、渋谷系にありがちだったお遊び的な引用という印象が薄いことが理由だろう。また、彼女の歌の存在感が強すぎて、カテゴライズし難いというのはあるかもしれない。いずれにせよ、非常に個性的でユニークなシンガー・ソングライターであることは確かだ。

　小島麻由美のルーツは、50年代のオールディーズにあるという。自作曲を宅録しているうちに、デモテープがレコード会社に認められてデビューにつながった。ライヴで叩き上げたタイプではないというところも、彼女の特徴といってもいいだろう。どこか箱庭感があるのも、そういったスタイルだったからかもしれない。本作は記念すべきメジャーでのファースト・アルバムであり、世に小島麻由美という形容し難いアーティストを知らしめた一作である。

激しいドラムスの連打が始まったと思ったら、'50sスタイルのビートに乗せて**「おしゃべり！おしゃべり！」**がスタートする。歌詞に〝ダッダッシュビドゥバー〟というスキャットを入れるところなどは、イタリアあたりのB級映画のサントラを思わせる。続く**「セシルのブルース」**はフェデリコ・フェリーニの映画に登場するサーカスのジンタを思わせるし、クールなヴィブラフォンが効いたアレンジを施した**「恋の極楽特急」**のジャジーでノスタルジックなおしゃれ感覚にも魅了される。

他にも、コメディ映画のような映像が頭に浮かび上がる**「先生のお気に入り」**、哀愁を帯びたメロディが5拍子のリズムに乗る**「蜜蜂」**、笠置シヅ子などの往年の歌謡曲を思わせる**「結婚相談所」**、サスペンス映画のサウンドトラックのようなインスト曲**「皆殺しのブルース」**など、とにかくインパクトの強い楽曲が並んでいるのだ。可憐なのにどこか毒を含んだようなヴォーカルはもちろん、当時はゲーム音楽のクリエイターとして活躍していた野崎貴郎が共同編曲者として参加したアレンジの妙も大きな要素になっている。

そして、様々な音楽要素を取り入れていても、日本語で歌うことで〝和〟な感覚が残るのも面白い。このドメスティックな感覚は、後に昭和歌謡テイストを匂わせることになる椎名林檎やEGO-WRAPPIN'の世界観にも通じるし、彼女たちの原型と言うと乱暴だろうか。そう考えると、小島麻由美はレトロで懐かしい感覚を打ち出したのと同時に、斬新で一歩先を進んでいるアーティストでもあったのだ。

スピッツ

スピッツ

ハチミツ

1995年9月20日発売
Polydor

01. ハチミツ
02. 涙がキラリ☆
03. 歩き出せ、クローバー
04. ルナルナ
05. 愛のことば
06. トンガリ'95
07. あじさい通り
08. ロビンソン
09. Y
10. グラスホッパー
11. 君と暮らせたら

スピッツの音楽にはこっそりと毒が盛られていたり、小さなトゲが隠されていたりする

スピッツほど愚直で誠実なバンドはいない。シンプルなバンド・サウンドと、のびやかなヴォーカルの印象がそう思わせるのだろうが、実のところ、彼らの音楽にはこっそりと毒が盛られていたり、小さなトゲが隠されていたりする。それがまた、彼らの音楽がクセになってしまう理由だ。

1987年にヴォーカルとギターの草野マサムネ、ギターの三輪テツヤ、ベースの田村明浩、ドラムスの﨑山龍男という4人で結成されたスピッツは、インディーズで活動した後、1991年にメジャー・デビューを果たす。『スピッツ』(1991年)や『名前をつけてやる』(1991年)などの初期作品は、日本のオルタナティヴ・ロックに位置付けられ、クオリティも評価も高かったが、少しひねくれているように見えたのかセールスは苦戦を強いられた。笹路正徳をプロデューサーに迎えた『Crispy!』(1993年)あたりから少しずつ認知を広げ、『空の飛び方』(1994年)でようやくチャートイン。「空も飛べるはず」や「青い車」などのシングルが売れ続け、ついに「**ロビンソン**」でミリオン・ヒットを生み出すのである。

その「**ロビンソン**」と続くヒット・ナンバー「**涙がキラリ☆**」を収めた6作目のオリジナル・アルバムが本作である。ここでも笹路正徳が共同プロデュースを行っているが、『Crispy!』の頃のようなオーヴァー・プロデュース感はなく、あくまでもスピッツ4人のアンサンブルを引き立てるような淡い色付けがなされている。いわば、両者の志向性が見事に融合したといえるだろう。

本作はあくまでも、メロディアスな歌とシンプルなサウンドのロック・ナンバーが中心だ。冒頭のタイトル曲「**ハチミツ**」は非常に自然体だし、グルーヴィーなバンド・サウンドが味わえる「**歩き出せ、クローバー**」、さらに疾走感溢れるビートと陰影のあるメロディの「**ルナルルナ**」、ミディアム・テンポで淡々と綴る「**愛のことば**」と聴き進めると、バンド感はしっかりと出しつつも、力み過ぎない心地良さと、ピリリとしたスパイスのような言葉の断片を見つけることができるだろう。

中盤から少し変化球も増え、ハードでオルタナティヴな質感の「**トンガリ'95**」、歌謡性を感じさせる哀愁味に満ちた「**あじさい通り**」、美しいスロー・ソング「**Y**」、初期のパンク・テイストを感じさせる「**グラスホッパー**」と続き、「**ロビンソン**」に通じるポップな「**君と暮らせたら**」でアルバムを締める。

いずれも草野マサムネの天才的な創作力とシニカルで文学的な視点が組み込まれており、その世界観をシンプルなバンド・サウンドで形作るメンバーの力量も強力だ。一度ハマると抜けられない底なし沼のようなスピッツの魅力が、そこかしこに感じられる永遠の傑作である。

古内東子

フルウチトウコ

Strength

1995年9月21日発売
Sony Records

01. 朝
02. Strength
03. あえない夜
04. 今の二人が好き
05. Promise
06. できるだけ
07. 秘密
08. 歩き続けよう (Album Version)
09. 幸せの形 (Album Version)
10. 雨の水曜日

音楽的にいくらでも深く掘り下げられるという側面も、古内東子が成功した理由のひとつ

ブラック・ミュージックをルーツに持つシンガーは多数いるが、古内東子は少し異質な存在だ。たしかにサウンドはソウルやR&Bからの影響やオマージュを感じさせることは多いが、決してブラック・カルチャーに寄り過ぎることなく、とことんドメスティックな感覚を持っている。女性ならではの恋愛を主軸にしたウェットな歌詞の世界観やその言葉に合ったポップなメロディライン、そして少ししゃくりあげるような独特な歌の表現方法など様々な個性が理由ではあるが、いずれにしてもマニアックに捉えられてもおかしくはない存在なのに、メインストリームのポップ・フィールドでしっかりと勝負できるシンガー・ソングライターなのである。

彼女のアルバムから一枚選ぶのは、非常に困難な作業だ。1993年のデビュー作『SLOW DOWN』から、1999年の『winter star』にいたる90年代に残した8枚のアルバムはいずれも楽曲が粒よりで甲乙つけがたく、すべてが魅力的だ。ここでは1996年に「誰より好きなのに」でブレイクする直前の4作目をセレクトしたが、あくまでも暫定的な代表作でしかない。ここから続く『Hourglass』（1996年）、『恋』（1997年）、『魔法の手』（1998年）は、どれをとっても古内東子の初期の代名詞といっていいだろう。

ただ、本作を選んだ理由は、初の海外録音作であるということが大きい。デヴィッド・サンボーンやマイケル・フランクスとの仕事で知られるキーボード奏者のマイケル・コリーナをプロデューサーに迎え、スティーヴ・ジョーダン、ウィル・リー、チャック・ローブ、ボブ・ジェームス、ブレッカー・ブラザーズといった目を疑うような錚々たるミュージシャンが参加。卓越したプレイを従えた楽曲群は、彼女のソングライティングやヴォーカルの魅力を一層引き立てることに成功している。

このサウンド・プロダクションの素晴らしさは随所に表れているが、顕著なのはやはりタイトル曲の「**Strength**」だろう。シンプルながらもタイトでグルーヴィーなリズム・セクションと、ところどころで効果的に現れるギターのリフ、何層にも重ねたヴォーカリゼーションで聴かせるサビのメロディと、彼女の音楽の心地良さがこの一曲に表現されている。男女のすれ違いを歌いながらも、どことなくおしゃれに感じられるのも特徴だ。そうかと思えば、「**朝**」、「**Promise**」、「**できるだけ**」といったフュージョンっぽい音作りを忍び込ませたナンバーは、音にうるさいマニアからラブソングに共感する女性まで聴き手を選ばない普遍性が感じられる。

先行シングルだった「**歩き続けよう**」のような誰もが切なくなるようなナンバーは当然彼女のセールスポイントだが、音楽的にいくらでも深く掘り下げられるという側面も、古内東子が成功した理由なのである。

MY LITTLE LOVER

マイ・リトル・ラバー

evergreen

1995年12月5日発売
Toy's Factory

01. Magic Time
02. Free
03. 白いカイト (Album Version)
04. めぐり逢う世界
05. Hello, Again ～昔からある場所～
06. My Painting
07. 暮れゆく街で
08. Delicacy (Album Version)
09. Man & Woman
10. evergreen

作品に通底するのは、プロデューサー小林武史の徹底した美学である

小林武史の時代。90年代をそう言い切ってしまってても過言ではないだろう。サザンオールスターズ及び桑田佳祐のブレーンとなり、Mr.Childrenを大ブレイクに導き、Charaがヴォーカルを担当した架空のバンド、YEN TOWN BANDを生み出し、後に大きく羽ばたくことになるSalyuを発掘する。他にも様々なアーティストに関わり、どちらかというと裏方のアレンジャーやプロデューサーだったが、自らもメンバーの一員となり、作り上げたユニットがMY LITTLE LOVERである。

ヴォーカリストのakkoと、元THE BARRETTのギタリストである藤井謙二を組み合わせ、1995年5月にシングル「**Man & Woman**」でデビュー。同年8月にリリースした3枚目のシングル「**Hello, Again ～昔からある場所～**」がドラマ『終らない夏』の主題歌に使用されたこともあって爆発的な大ヒットを記録する。その後、小林武史自身もメンバーとして加わることになり、同年末に満を持して発表されたファースト・アルバムが本作である。

半年の間にデビューからミリオン・ヒットを出すまでに育てた小林武史の手腕は、やはりすごいとしか言いようがないが、アルバムの完成度もさすがのクオリティを誇っている。一部の楽曲ではakkoと藤井謙二のクレジットが入っているとはいえ、基本的には小林武史が全曲の作詞作曲編曲までを手掛けている。フロントマンではないが、明らかに彼の頭の中にある音をそのまま形にしたユニットといってもいいだろう。これまでは基本的にはアーティストをサポートする立場だったが、MY LITTLE LOVERによって〝小林武史の音楽〟が完全に具現化されたのである。

その成果は、ここに収められた10曲すべてに表れている。ピアノから始まり、ダンサブルなビートに乗せてメランコリックなメロディが奏でられる「**Magic Time**」、ジャクソン・ファイヴのような軽快なサウンドが印象的な「**Free**」、リズム&ブルースのテイストを感じさせるシングル・ヒット曲「**白いカイト**」と、いずれもキャッチーなナンバーが続き、アルバムのカラーを作り上げている。モータウン・ビートを取り入れた「**My Painting**」、深遠な雰囲気が心地良い「**暮れゆく街で**」、ランニング・ベースに乗せたポップ・ファンク「**Delicacy**」と、アレンジ面では比較的オールディーズからの引用が多めだが、マニアックにならないバランスの良さは見事。そしてラストのタイトル曲「**evergreen**」では、小林武史印といってもいいピアノ・ロックを披露してくれる。

あくまでも主役はakkoのキュートなヴォーカルと藤井謙二のギター・サウンドだが、作品に通底するのは小林武史の徹底した美学である。彼のソングライター、アレンジャー、プロデューサーとしての才能を、本作でしっかりと確かめることができるのだ。

キングギドラ

キングギドラ

空からの力

1995年12月10日発売
P-VINE

01. 未確認飛行物体接近中（急接近MIX）
02. 登場
03. 見まわそう
04. 大掃除
05. コードナンバー0117
06. フリースタイル・ダンジョン
07. 空からの力~Interlude
08. 空からの力 Part2
09. 星の死阻止
10. 地下鉄
11. スタア誕生
12. 行方不明
13. 真実の弾丸
14. コネクション ~Outro

キングギドラの登場は、最盛期に突入しようとしていた日本のヒップホップ・シーンに大きな楔を打ち込んだ

80年代から始まった日本語のラップが、ネクスト・ステージにステップアップしたと感じられたのは、おそらく90年代半ばだろう。1994、5年あたりからはBUDDHA BRAND、キミドリ、MICROPHONE PAGER、ECD、TOKYO No.1 SOUL SETなどが続々とメジャー・デビューを果たし、伝説のイベント「さんピンCAMP」が1996年の夏に日比谷野外音楽堂で行われている。「DA・YO・NE」と「今夜はブギーバック」以降の、ストリートを感じさせるヒップホップのシーンが根付いていったのだ。

キングギドラの登場は、最盛期に突入しようとしていた日本のヒップホップ・シーンに大きな楔を打ち込んだ。メンバーは、MCのK DUB SHINEとZEEBRA、MC兼トラックメイカーのDJ OASISという3人。3人組にちなんで、東宝特撮映画に出てくる3本首の怪獣から名付けられた。もともとは米国に留学していたK DUB SHINEが、自身のラップを友人だったZEEB

RAに電話で聴かせたことがきっかけで、DJ OASISを誘ってグループ結成に至った。K DUB SHINEの中では、小手先のラップではなく、米国のヒップホップのように思想やカルチャーそのものを伝えたいという意思が強かったそうだ。1993年に結成し、クラブなどでの活動を経て制作されたのが、初のアルバムとなった本作である。

彼らの最も大きな特徴は、徹底して〝韻を踏む〟というところだ。日本語ラップの黎明期から韻の踏み方については研究がなされてきたが、キングギドラ以前のラッパーたちはメッセージ重視であったり、はたまた言葉遊び的だったりと、日本語をどう使えばいいのか試行錯誤しているような印象があった。しかし、K DUB SHINEが突き詰めたライムの手法は、徹底的に語感にこだわりながらも、痛烈なメッセージを込めるというもの。その手法と姿勢に対する気持ちは、ここに収録された「**大掃除**」にも込められている。

彼らの韻の踏み方は、冒頭の「**未確認飛行物体接近中（急接近MIX）**」やタイトル曲の「**空からの力 Part 2**」、自身のことを語った「**行方不明**」、マスコミや現代社会に対する批判を込めた「**真実の弾丸**」といったナンバーに顕著で、これらの楽曲が後続のラッパーたちに多大な影響を与えたことは想像に難くない。その一方で、K DUB SHINEのソロによる「**スタア誕生**」のようなストーリー性の高いヘヴィな内容もあり、バランスの取れた内容は圧巻としか言いようがないのだ。なお、ZEEBRAがソロでラップする「**フリースタイル・ダンジョン**」は、後にMCバトルのテレビ番組のタイトルに使用されている。

ナイフのように切り込んでいくZEEBRA、どっしりと構えた頭脳派のK DUB SHINE、彼らのライムを演出するDJ OASISのトラック。3人の均整の取れたスタイルは見事だったが、長続きせず1996年に活動停止。完全復活には21世紀まで待つことになる。

1996

ウルフルズ

ウルフルズ

バンザイ

1996年1月24日発売
Toshiba EMI

01. ガッツだぜ!!
02. トコトンで行こう!(リミックス・ヴァージョン)
03. バンザイ 〜好きでよかった〜
04. 暴動チャイル
05. さんさんさん'95
06. てんてこまいmy mind
07. 大阪ストラット
(フルサイズ・アルバム・ヴァージョン)
08. ダメなものはダメ
09. おし愛 へし愛 どつき愛
10. 泣きたくないのに

プロデュースに関わった伊藤銀次のユーモア・センスも本作の特異性に一役買っているのは間違いない

笑いを音楽に取り入れるのは、実は非常に難しいことだ。やり過ぎると単なるイロモノ扱いで音楽として評価されないし、無理やり笑えるものを作ろうとしてもさっぱり面白くないものになったりする。このバランスがなかなか難しいが、ウルフルズはそのあたりを上手くコントロールしてブレイクした稀有なバンドだろう。

1988年に大阪で結成されたバンドは、1992年にメジャー・デビュー。ヴォーカルのトータス松本、ギターのウルフルケイスケ、ベースのジョン・B・チョッパー、ドラムスのサンコンJr.という4人のメンバーは、ソウルやファンクを取り入れたロック・バンドとして活動していく。当初はなかなか理解されなかったが、1995年にディスコ・テイストのシングル**「ガッツだぜ!!」**が、じわじわとロング・ヒットとなりブレイク。KC&ザ・サンシャイン・バンドの「ザッツ・ザ・ウェイ」をもじったお遊びではあったが、彼らのキャラにフィットしたのか、この曲の勢いがそのままバンドのカラーになった。そして、タイミングよくリリースされた3作目のオリジナル・アルバムが本作である。

「ガッツだぜ!!」で勢いよく始まるが、その後も楽しいナンバーがてんこ盛りだ。ブルージーなロックンロール**「トコトンで行こう!」**、ジミ・ヘンドリックスの名曲のタイトルをパロディにしてしまった**「暴動チャイル」**、芝居がかった歌い方が愉快なリズム&ブルース**「てんてこまい my mind」**、ローリング・ストーンズに下ネタを振りかけたかのような**「おし愛 へし愛 どつき愛」**など、いずれもクラシック・ロックや往年のソウル、ファンクからインスパイアされた親しみやすい楽曲が並んでいる。

プロデュースにはシンガー・ソングライターで「イカ天」の審査員でもあった伊藤銀次が関わっており、彼のユーモア・センスも一役買っているのは間違いない。その顕著な例が、伊藤銀次の師匠的な存在でもある大滝詠一の「福生ストラット」に大阪弁の歌詞を乗せた替え歌**「大阪ストラット」**だ。ファンキーなバンド・サウンドとラップを交えたハチャメチャな歌詞は、オリジナルを凌駕するパワーを感じられ、本家の大滝詠一も高く評価していたという。

こういった楽曲ばかりだと単なるコミック・バンドに見えてしまうが、そうならなかったのは、その後シングル・カットされたタイトル曲**「バンザイ〜好きでよかった〜」**があったからだろう。好きな人への真っすぐな思いを歌詞に込めた愚直なラブソングは、ドラマの主題歌に使用されたこともあって大ヒット。トータス松本のヴォーカルとバンドの魅力をさらにアピールすることになった。そして様々なスタイルのナンバーを収めた本作は、ゆるぎない代表作となったのである。

フィッシュマンズ

フィッシュマンズ

空中キャンプ

1996年2月1日発売
Polydor

01. ずっと前
02. BABY BLUE
03. SLOW DAYS
04. SUNNY BLUE
05. ナイトクルージング
06. 幸せ者
07. すばらしくて NICE CHOICE
08. 新しい人

本作が絶賛される理由は、何よりもこの時点で彼らの奇跡のようなクリエイティヴィティが記録されているからだ

レゲエをルーツとするアーティストは日本にも数多くいるが、フィッシュマンズほど独自の進化を遂げたバンドはいないのではないだろうか。1987年に結成し、1991年にメジャー・デビューした彼らは、当初はレゲエの他、スカやロックステディなどのエッセンスを感じさせるポップなロックという印象で、ヴォーカルの佐藤伸治、ドラムスの茂木欣一、ベースの柏原譲、ギターの小嶋謙介、キーボードのハカセという5人組だった。しかし、徐々に他のジャンルを取り入れながら進化していき、その過程で小嶋謙介とハカセが脱退。3人になって初のアルバムが、90年代ジャパニーズ・ロックの金字塔といわれる本作である。

このアルバムが絶賛される理由は、何よりもこの時点での彼らの奇跡のようなクリエイティヴィティが記録されているからだ。フィッシュマンズの代名詞だったレゲエというジャンルだけではくくり切れないし、ダブ、ファンク、エレクトロニカ、テクノ、ヒップホップ、オルタナティヴ・ロックなどありとあらゆる音楽のエッセンスが注入されている。

クールなオープニングの「**ずっと前**」から一気にスペイシーな音空間に放り出されるような感覚になり、ラヴァーズ・ロックのような浮遊感を湛えた「**BABY BLUE**」の後は、荒っぽいギターの音色でロック色を強めに押し出した「**SLOW DAYS**」と、ハウス・ミュージックのような反復が渦巻く「**SUNNY BLUE**」に繋がり、先行シングルだった大名曲「**ナイトクルージング**」に行き着く。グルーヴィーでメロウ、そしてダビーなこの曲は、3人編成になってからのフィッシュマンズを象徴する一曲だ。エコーの深いエレクトリック・ギターにノイズ交じりのエフェクトがかけられ、佐藤伸治の歌声が夜空から降ってくるように現れる。短いセンテンスの歌詞ではあるが、真夜中に空中を舞うような感覚は、彼らにしか生み出せないサウンドの極北である。

その後も、気怠さが心地良い「**幸せ者**」、キャッチーかつヘヴィで実験的な「**すばらしくてNICE CHOICE**」へと続き、夢の中をまどろんでいるようなダブ・ナンバー「**新しい人**」でアルバムを締めくくる。そしてその夢心地の感覚が、そのままアルバムの印象として残るのだ。エンジニアのZAKとの共同作業も、本作を形作った大きな要因であることは間違いなく、録音芸術としても新たな地平にたどり着いたのである。

本作の後、同じく1996年のうちに1曲35分という想像を絶する作品『LONG SEASON』、翌1997年にはさらに深化したサウンドのアルバム『宇宙 日本 世田谷』を発表。誰も到達できない唯一無二のバンドへと成長したが、1999年3月に佐藤伸治が急逝し、90年代の終焉と共にフィッシュマンズも幕を下ろすのである。

GLAY

グレイ

BEAT out!

1996年2月7日発売
Polydor

01. More than Love
02. Yes, Summerdays
03. 原色の空〈Cloudy Sky〉
04. Trouble On Monday
05. Together
06. 月に祈る
07. 生きてく強さ
08. 週末のBaby talk
09. グロリアス
10. 軌跡の果て
11. Miki Piano

90年代ロック・シーンの活況ぶりを知るには最適な一枚

80年代末に起こったバンド・ブームは、日本のポピュラー・ミュージックに多大な影響を与えた。BOØWYやTHE BLUE HEARTSといったバンドが花開いた80年代末の急激なシーンの拡大は一過性のものではなく、90年代のバンド群に対しても影響を与え続け、さらにスケールが大きくなっていった。特にX JAPANやBUCK-TICKを源流とするヴィジュアル系の流れはひとつの大きな潮流だったが、彼らが切り開いた道を疾走し、ジャパニーズ・ロックの頂点まで上り詰めたと言っていいバンドが、ヴォーカルのTERU、ベースのJIRO、ギターのTAKUROとHISASHIからなる4人組のGLAYである。

北海道の函館市で結成された彼らは、1994年にX JAPANのYOSHIKIが設立したインディーズのエクスタシー・レコードからアルバム『灰とダイヤモンド』、同じくYOSHIKI設立のメジャー・レーベルであるプラチナムレコードからシングル「RAIN」を同時にリリースし、鮮烈にデビューを果たした。ポップでスピード感のある楽曲群は彼らのルックスと相まって人気もセールスも急上昇。たちまちスター・バンドへと成長していったのである。

なかでも強烈な一発が、8枚目のシングル**「グロリアス」**だった。印象的なギターのリフに導かれるようにして始まる軽快なロック・チューンは、〝恋に恋焦がれ恋に泣く〟というサビのフレーズやキャッチーなメロディなどからTAKUROのソングライティング能力の高さをアピールし、ヴィクトリアのCMソングという大型タイアップもあって、彼らにとって初の大ヒットとなった。この曲でロック・ファン以外にアピールできたことは非常に大きいだろう。

この**「グロリアス」**を含む本作は、メジャーでのセカンド・アルバムであり、バンドとしての可能性を大きく押し広げるきっかけとなった会心作でもある。ハードなイントロから一気に突っ走るような**「More than Love」**から始まり、歌謡ロック的な印象が強い**「Yes, Summerdays」**、シャッフル・ビートに乗せた**「Trouble On Monday」**、サビ始まりの力強い**「生きてく強さ」**と、とにかく一度聴けば耳に残るようなポップさは抜群だ。キーボードを効果的に使い、曲の世界観を壊さない程度にひねりを利かせたアレンジもさすがで、このあたりはプロデュースを務めた佐久間正英の力も大きかったのだろう。一方で、後の名曲「However」につながるようなピアノ主体のパワー・バラード**「Together」**や、YUKIがコーラスで参加したマンチェスター風のグルーヴ・ナンバー**「週末のBaby talk」**もあり、音楽的な冒険も忘れていない。

この後、彼らはあっという間に日本を代表するトップ・バンドに成長する。本作はその萌芽がはっきりと感じられる初期の代表作であり、90年代ロック・シーンの活況ぶりを知るには最適な一枚と言っていいだろう。

サニーデイ・サービス

サニーデイ・サービス

東京

1996年2月21日発売
RHYME

01. 東京
02. 恋におちたら
03. 会いたかった少女
04. もういいかい
05. あじさい
06. 青春狂走曲
07. 恋色の街角
08. 真赤な太陽
09. いろんなことに夢中になったり飽きたり
10. きれいだね
11. ダーリン
12. コーヒーと恋愛

派手なサウンドが中核だった90年代に、“フォーキー”というキーワードをまとって話題となった

音楽に限らずだが、メインストリームが隆盛するとカウンターが生まれる。TKサウンドやビーイングのような派手でゴージャスなサウンドが音楽シーンの中核だった頃、〝フォーキー〟というキーワードをまとって話題になったのが、サニーデイ・サービスである。

サニーデイ・サービスは1992年に結成、1994年にメジャー・デビューを果たす。この時点ではマッドチェスター・ムーヴメントの影響を感じさせるダンサブルなロックを目指していたが、紆余曲折を経てヴォーカル&ギターの曽我部恵一、ベースの田中貴、ドラムスの丸山晴茂という3人組に落ち着き、ようやく自分たちの志向性を固めることができた。最初のアルバム『若者たち』(1995年)は、はっぴいえんどや遠藤賢司といった70年代の日本語のロックやフォークからの影響を感じさせる作品で、アングラ感のあるレトロなイラストと共に強烈な印象を残した。当時、タワーレコードやHMVといった外資系CDショップが、渋谷系の次に来るムーヴメントを探していたのだろう。そこにすっぽりとはまったのが〝フォーキー〟というキーワードであり、実際に店頭展開で非常に目立っていた。

デビュー・アルバム『若者たち』の方向性をさらに発展させ、彼らにしか生み出せない音楽を確立したのが、翌1996年に発表した2作目のオリジナル・アルバムとなった本作である。満開の桜の写真があしらわれたジャケット写真が印象的だが、アルバム自体も青春を思わせるフレッシュな内容だ。

松本隆を彷彿とさせる詞世界をアコースティック・ギターとピアノのみで歌う「**東京**」から、「**恋におちたら**」のバンド・サウンドへなだれ込む流れに思わず引き込まれる。「**恋におちたら**」のシンプルながらも骨太なリズム・セクションと、エモーショナルに展開していくメロディの融合は痛快で、彼らの代表曲というにふさわしい一曲といえる。ストリングスのイントロから疾走感溢れるサウンドへとつながる「**あじさい**」、オルガンとハンドクラップのリズムがゴキゲンな「**青春狂走曲**」、カントリー・ロック調のひょうひょうとした味わいが独特な「**ダーリン**」、ラストを締める弾き語り風の小品「**コーヒーと恋愛**」など、いずれも70年代回帰ともいえるサウンドに包まれた曲が並び、懐かしくも新しい感覚だ。

時代が時代ならサニーデイ・サービスは単なるレトロ趣味やイロモノ扱いで終わっていたかもしれないが、しっかりと時代の空気感をつかんでいたのだろう。彼らに続けとばかりにフォーキー・テイストのフォロワーが続々と登場し、2000年代に入ると〝歌モノ〟や〝喫茶ロック〟などというムーヴメントが起こるのだが、これらもまたサニーデイ・サービスの存在が起点となっているのである。

thee michelle gun elephant

ミッシェル・ガン・エレファント

cult grass stars

1996年3月1日発売
TRIAD

01. トカゲ
02. strawberry garden
03. キング
04. 世界の終わり (Primitive Version)
05. toy
06. ブラック・タンバリン
07. I was walkin' & sleepin'
08. Dallas fried chicken
09. アンクルサムへの手紙
10. スーサイド・モーニング
11. いじけるなベイベー
12. 眠らなきゃ
13. remember Amsterdam

彼らの記念すべきファースト・アルバムであり、迸るような怒濤のエネルギーを詰め込んだ作品

焦燥感をそのまま表現したかのようなヴォーカルと、カミソリのようなソリッドなギターを主軸にしたバンド・サウンド。thee michelle gun elephantと書いてミッシェル・ガン・エレファントと読むロックンロール・バンドの登場はとにかく鮮烈で、一躍ライヴ・シーンで人気を高めていったという印象があるし、この頃から隆盛していたロックフェスでは常連だった。ヴォーカルのチバユウスケ、ギターのアベフトシ、ベースのウエノコウジ、ドラムスのクハラカズユキの4人は、インディーズでの活動を経て、1996年にメジャー・デビュー。本作は彼らの記念すべきファースト・アルバムであり、迸るような怒濤のエネルギーを詰め込んだ作品である。

彼らの特徴は、なんといってもその疾走感。冒頭の「**トカゲ**」から顕著で、荒々しいガレージ・サウンドを基軸に、性急なビートと振り絞るようなヴォーカルが交差する様子は非常にスリリングだ。とりわけ、ドクター・フィールグッドのウィルコ・ジョンソンを思わせるマシンガンのようなリフとカッティングを繰り出すアベフトシのギター・プレイは強力で、「**キング**」や「**ブラック・タンバリン**」、「**いじけるなベイベー**」のようなアップ・テンポのナンバーにおける独特のグルーヴには、誰しもテンションが上がるのではないだろうか。

クライマックスと言えるのは、やはりメジャー・デビュー曲であり、先行シングルとなった「**世界の終わり**」だ。ライヴでもおなじみだったこの曲は、激しく叩き出されるドラムスと地を這うように唸るベース、何かに取り憑かれたかのようにかき鳴らすギターのアンサンブルがとにかく強力。そして何よりも、世界の終末がテーマでありながら、〝紅茶飲み干して〞や〝パンを焼きながら〞という謎めいたワードをサビで歌い上げる刹那的なヴォーカルのインパクトにやられるだろう。

一方で、少しレイジーでブルージーな「**toy**」や、どこかレトロなスタイルのロックンロール「**I was walkin' & sleepin'**」、ミディアム・テンポのブルース・ロック「**アンクルサムへの手紙**」などもあり、ガレージロックが陥りがちな単調さを感じさせない曲構成になっている。決して器用なバンドではないのだろうが、音楽的な振り幅はしっかりと内包しているのだ。また、レディオヘッドやミューズを手掛けたエンジニアのクリス・ブラウンのもとでロンドン・レコーディングされたことも、デビューにして堂々たる佇まいである理由だろう。

この後も彼らは先を急ぐかのように精力的な活動を続け、絶頂期だった2003年にあっけなく解散する。2009年にはアベフトシが急逝し、ファンがひそかに望んでいた再結成の可能性もなくなってしまうのである。

globe
グローブ

globe
1996年3月31日発売
avex globe

01. GIVE YOU
02. Feel Like Dance
03. GONNA BE ALRIGHT
04. DEPARTURES (ALBUM MIX)
05. Regret of the Day
06. Joy to the love
07. SWEET PAIN
08. Always Together
09. Precious Memories
10. FREEDOM
11. MUSIC TAKES ME HIGHER
12. LIGHTS OUT

稀代のヒットメーカー小室哲哉の研ぎ澄まされた才能とセンスが溢れている

〝地球〟を意味する単語をグループ名にするなんて、おそらく小室哲哉以外にできない。まさにglobeは壮大なスケールのプロジェクトだった。90年代のJ−POPというと、真っ先に彼の名前が挙がるだろうが、このグループは様々なプロデュース・ワークとは明らかに違っていた。というのも、小室哲哉自身がメンバーとして参加していたからだ。彼が参加したグループというとTM NETWORKがまず思い浮かぶが、1994年に活動休止している。もちろんその前後では、trfや安室奈美恵など様々なヒット・プロジェクトに関わっているが、自らメンバーとして乗り出したglobeは特別だったのだ。

しかし、本来はglobeに小室哲哉が参加する予定ではなかったというのは有名な話。テクノ・ユニットの2アンリミテッドに着想を得て、オーディションで選ばれたKEIKOとモデルのマーク・パンサーを組ませてイベントに出演。当初はキーボーディストを探すつもりだったが、「trfをライバルとするなら自分が参加したい」ということになり3人組でデビューに至った。1995年発表のデビュー・シングル「**Feel Like dance**」から大きな話題となり、その後リリースした「**Joy to the love** (globe)」や「**DEPARTURES**」といったシングルも軒並み大ヒット。満を持してのファースト・アルバムである本作は、当然のごとくビッグセールスを記録し、450万枚を超える作品となったのである。

ピアノと多重コーラスのみで構成された「**GIVE YOU**」、そしてダンサブルな「**Feel Like Dance**」へと続くオープニングの演出から、小室哲哉の美学が徹底している。マーク・パンサーとKEIKOのラップの掛け合いがスリリングな「**GONNA BE ALRIGHT**」、広大な景色が見えるようなスケール感のある「**SWEET PAIN**」、ミニマルな4つ打ちのビートとメロディの組み合わせが新鮮な「**FREEDOM**」と、trfへの対抗馬としてのダンス・チューンはお手の物だ。

一方で、代表曲とされるキャッチーな「**DEPARTURES**」や、ポップで軽快なメロディの「**Regret of the Day**」、深い陰影を感じさせる哀愁ソング「**Always Together**」などは、いかにKEIKOをヴォーカリストとして引き立たせようかと考え抜かれた作品なのだろう。単にダンス・ミュージックに終始するのではなく、じっくりとヴォーカルを聴かせることで、globeのダンサブルなポップというスタンスを明確に打ち出し、音楽シーンの頂点に達したのである。

それにしても小室哲哉の濃厚な仕事ぶりには感嘆するしかない。本作を発表した1996年には、華原朋美のデビュー・アルバム『LOVE BRACE』と安室奈美恵の傑作『SWEET 19 BLUES』という重要作を手掛けているのだ。そんな中で生まれたglobeの作品からは、稀代のヒットメーカーの研ぎ澄まされた才能とセンスが溢れている。

安室奈美恵

アムロナミエ

SWEET 19 BLUES

1996年7月22日発売
avex trax

01. watch your step!!
02. motion
03. LET'S DO THE MOTION
04. PRIVATE
05. Interlude~Ocean way
06. Don't wanna cry (Eighteen's Summer Mix)
07. Rainy DANCE
08. Chase the Chance (CC Mix)
09. Interlude ~Joy
10. I'LL JUMP
11. Interlude ~Scratch Voices
12. i was a fool
13. present
14. Interlude
~Don't wanna cry Symphonic Style
15. You're my Sunshine (Hollywood Mix)
16. Body Feels EXIT (Latin House Mix)
17. '77~
18. SWEET 19 BLUES
19. ...soon nineteen

これほどまでに切実に19歳という妙齢を表現した例は他にないだろう

平成の歌姫。そんな代名詞が本当に似合うのは、安室奈美恵以外にはいないだろう。1992年に沖縄出身のダンス&ヴォーカル・グループ、スーパー・モンキーズの一員としてデビューした当初は、アイドル的な印象でしかなかった。しかし、ソロになってからは徐々にアーティスティックな面を見せるようになっていき、2018年の引退を迎えるまでに国民的スターとしての地位を築いたのである。

安室奈美恵が、本格的なヴォーカリストに転身したといえるのは、セカンド・アルバムの本作からである。ユーロビートに合わせて歌って踊るお人形的な立ち位置から、彼女自身が好きだったという米国R&Bをお手本にした作品へとシフトチェンジしていくのだ。そして、この変化と成長を見守りながら育成し、形作っていったのが小室哲哉である。日本人受けするブラック・ミュージックとは何たるかということを追求するとともに、安室奈美恵と同年代である〝19歳女子のリアル″を表出する作品に仕上げた。

本作リリースの前哨戦として、「**Body Feels EXIT**」、「**Chase the Chance**」、「**Don't wanna cry**」、「**You're my sunshine**」という大ヒット・シングルを連発しており、これらが収録されているというだけでもヒットするのは当然だろう。実際、初回出荷だけでも300万枚を超え、100万枚ごとに分けてジャケット写真が4種類存在するという異例の企画も大いに話題になった。しかし、単なるヒット曲の寄せ集めというイメージとはまったく違う、コンセプチュアルな作品に仕上がっているのがミソだ。

アルバムの構成は19トラックに分かれているが、そのうち短いインタールード的な楽曲が8トラックを占める。これはおそらく、ジャネット・ジャクソンがジャム&ルイスと組んで制作した『リズム・ネイション1814』（1989年）や『ジャネット』（1993年）の影響も大きいのだろう。小室哲哉と久保こーじという2人のサウンド・クリエイターによって、当時のR&Bのトレンドを巧みに取り入れたバックトラックは、安室奈美恵のヴォーカルの上手さを引き立てるには申し分ない。

安室奈美恵流のヒップホップ・ソウル「**LET'S DO THE MOTION**」、クールでどこかオリエンタルな「**PRIVATE**」、ニュー・ジャック・スウィング風のダンサブルな「**I'LL JUMP**」、全面的にラップを披露する「**i was a fool**」など、シングル・ヒット以外の楽曲の充実ぶりはすさまじい。そして、アルバム最大の聴きどころといえるのが、アルバム・タイトル曲となった「**SWEET 19 BLUES**」である。これほどまで切実に19歳という妙齢を表現した楽曲は他にないだろう。この一曲を生み出し、このタイミングで歌うことができたというだけでも、本作が安室奈美恵にとって大きな礎になったことがよくわかるはずだ。

エレファントカシマシ

エレファントカシマシ

ココロに花を

1996年8月21日発売
FAITHFUL

01. ドビッシャー男
02. 悲しみの果て
03. かけだす男
04. 孤独な旅人
05. おまえと突っ走る
06. 四月の風
07. 愛の日々
08. うれしけりゃとんでゆけよ
09. 流されてゆこう
10. Baby自転車
11. OH YEAH!（ココロに花を）

オルタナティヴな存在から、一躍トップ・バンドとしての地位を獲得

武骨で不器用なロック・バンド。デビュー当時のエレファントカシマシは、おそらくそんなイメージだった。しかし、90年代半ばに突如マスに訴えかけられる楽曲を放ち、一躍ヒット曲を持つスター・バンドに成長するのだ。それも大きなイメチェンをすることもなく。

エレファントカシマシは中学校の同級生で組んだバンドが母体になっており、ヴォーカル&ギターの宮本浩次、ギターの石森敏行、ベースの高緑成治、ドラムスの冨永義之という4人のメンバーはデビュー前の1986年から不動である。1988年にメジャー・デビューするが、当時のライヴはとにかく轟音で、文語調の歌詞をがなり立てるように歌い、MCもなく、ファンも客電がついたままの会場で座って聴くという異様な雰囲気だった。一部のメディアがその凄みのあるバンドの佇まいを絶賛していたが、レーベルの力の入れ方に反するかのようにセールス的には苦戦を強いられた。

そんな彼らが起死回生として発表したのが、この8枚目のオリジナル・アルバムである。前作『東京の空』（1994年）から2年の間に、マネージメントが代わりレコード会社も移籍。心機一転、外部プロデューサーに佐久間正英と土方隆行を迎えるという初めて尽くしの試みが形になった一作でもある。過去の作品と比べると、本質的な、エモーショナルな魅力は変わることなく、ゴツゴツした質感で毒気の塊のようだった作品群から一転し、明らかにバンド・サウンドそのものが聴きやすい。こうしてコアなファン以外にも受け入れられる音像にシフトチェンジしたことは、結果的にバンドの未来を形作ることになった。

ハードなサウンドとぶっきらぼうなヴォーカルで始まる**「ドビッシャー男」**も、デビュー当時からの彼らの音楽性がぶれていないが、バンド・サウンドの抜けがよく、程よいグルーヴ感に包まれている。続くシングル・ヒットした**「悲しみの果て」**ではさらに端正といえるくらい、宮本浩次のヴォーカルがストレートだ。この印象はアルバム全体に一貫していて、ドライブ感のあるロックンロール**「かけだす男」**、少しノスタルジックなフォークロック風の**「孤独な旅人」**、雄大なバンド・サウンドを堪能できる**「四月の風」**、軽快さをアーシーなバンド・サウンドで表現した**「Baby自転車」**など、いずれも音楽性に妥協はないが、デビュー当初の不器用なバンドという印象は薄い。

この方向性が彼らにとって納得がいくものだったのかはともかく、結果的に本作が成功したことにより、エレファントカシマシという気骨のあるバンドが広く世に認められる結果となった。そして、翌年には「今宵の月のように」という特大ヒットも生まれ、オルタナティヴな存在から、一躍トップ・バンドとしての人気を獲得するのである。

UA
ウーア

11
1996年10月23日発売
SPEEDSTAR

01. リズム
02. 大きな木に甘えて
03. 落ちた星
04. バラ色
05. ゼリー
06. ヒマワリ
07. 雲がちぎれる時
08. 情熱 (king wadada dub)
09. 紅い花
10. 水色
11. ランデブー

多様性を持つ本作によって、UAのアイデンティティが確立された

登場してきたときは、ちょっと遅れてきた渋谷系と思われていたかもしれない。しかし、ステージに立つとカリスマ的な凄みを感じさせ、〝おしゃれ〟で片付けられるようなヴォーカリストではない。しかも、デビューから数年経った後は、R&Bディーヴァ・ブームの先駆けだといわれたこともある。ヴォーカリストとしての個性が強く、音楽的にもジャンルを自由に横断し、他に比べられるアーティストは見当たらない。UAはそんな不思議な立ち位置の歌い手だ。

幼少時から歌うことが好きだった彼女は、仕事の傍らジャズクラブで歌うようになった。そして歌っているところをスカウトされ、本格的に音楽の道に進むことになる。1995年に藤原ヒロシと朝本浩文をプロデューサーに迎え、アコースティック・ソウル風のシングル「HORIZON」でメジャー・デビューを果たした。翌1996年にシングル「情熱」と「リズム」がヒットしてブレイクし、これらを収めたファースト・

フル・アルバムが本作である。

「HORIZON」を収めたミニ・アルバム『PETIT』（1995年）がナチュラル志向のソウルだったとしたら、本作はプリミティヴなUAの声の質感を生かしつつ、サウンドに奥行きを持たせて彼女のヴォーカリストとしての可能性を押し広げた作品である。それは大沢伸一が手掛けた先行シングル「**リズム**」の落ち着いたグルーヴと余裕のある歌唱法、そしてそこはかとなく漂うジャズの香りなどからもうかがえる。ブラジル北東部のリズムを取り入れた青柳拓次による異色作「**大きな木に甘えて**」、ヨーロッパで活動していた大庭良治がアンビエントやエレクトロニカのエッセンスを加えた「**落ちた星**」、Spiritual Vibesの竹村延和がフューチャー・ジャズに接近した実験的な「**バラ色**」と聴き進めるごとに、UAの底知れぬディープな世界が顕《あら》わになっていく。

他にも、ヒップホップのビートを取り入れた「**ヒマワリ**」、ギター・ロックっぽいサウンドの「**雲がちぎれる時**」、大胆なダブ・ヴァージョンへと変化した「**情熱**」、テクノやトランスに接近したcoba作の「**ランデブー**」など、当時の最新サウンドをすべて盛り込んだかのような音作りを徹底している。あまりにも濃厚な作品群がよく受け入れられたなと今になって思うが、90年代はこういったことも決して不自然ではなく、むしろ新しいサウンドを求める多数の音楽ファンが飛びついたのだ。

UAの音楽的な冒険はこの程度で収まることはなかった。その後も浅井健一とロック・バンド、AJICOを結成したり、即興音楽家の内橋和久やジャズ・サックス奏者の菊地成孔とタッグを組んだりと、ジャンルの壁を軽々と超えながら、音楽シーンを大いに騒がせていく。そんな彼女のアイデンティティが確立されたのが、多様性を持つ本作なのである。

久保田利伸

クボタトシノブ

LA・LA・LA LOVE THANG

1996年12月2日発売
Sony Records

01. ちょっとそこまで
02. BODY-CATION
03. Summer Eyes
04. 裏窓
05. LA・LA・LA LOVE SONG
06. NOT TOO NICE
07. シルクの愛が欲しくって
08. What's The Wonder?
09. CLUB PLANET
10. 虹のグランドスラム
11. LA・LA・LA LOVE SONG
~Midnight Piano Version

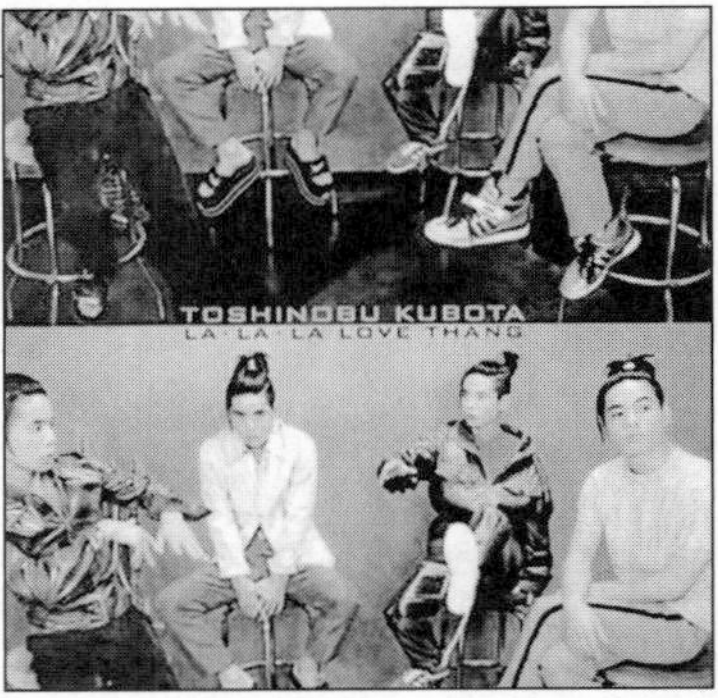

久保田利伸ほどJ-POPとブラック・ミュージックに巧妙な架け橋を作ったアーティストはいない

90年代末から日本の音楽シーンでは女性シンガーを中心にR&Bの影響が濃厚なアーティストが続々と登場するのだが、本作はその先駆けといってもいいだろう。発表された1996年当時の洋楽の状況を考えると、なぜそう言い切れるのかを理解してもらえるはずだ。テディ・ライリーやベイビーフェイスといった有能なプロデューサー兼アーティストが席巻し、ディアンジェロやマックスウェルなどネオソウルのムーヴメントが起こった。エリカ・バドゥがデビューし、ローリン・ヒルが在籍するフージーズが大ヒットするのもこの頃である。

久保田利伸は、こういったソウルやR&Bのシーンの動きを常にキャッチし、日本のポップスに落とし込み続けていたが、その流れでトップモデルのナオミ・キャンベルをフィーチャーした「**LA・LA・LA LOVE SONG**」という特大ヒットを飛ばす。当時はドラマの主題歌ということもあってまごうことなきお茶の間ヒットだったが、あらためて聴くとこの楽曲が持つサウンドやグルーヴの本格派ぶりには驚かされる。

そう考えると、久保田利伸ほどＪ－ＰＯＰとブラック・ミュージックに巧妙な架け橋を作ったアーティストはいないように思う。もちろんそれまでも〝黒っぽい〟と言われるシンガーやサウンド・クリエイターはたくさん存在した。和製ソウルやファンクの名曲は60年代あたりから存在する。しかし、これらはあくまでも〝和風味〟であり、そのまま海外のシーンに放り出しても遜色なく、なおかつ日本の土壌にも合うアーティストとしては、やはり彼がパイオニアだろう。80年代にはすでにファンクやヒップホップを大胆に取り入れてヒットを飛ばしていたが、「**LA・LA・LA LOVE SONG**」はそれまでの総決算ともいうべきヒット・ソングであり、いたって自然体ながら本物感に満ちているのである。

この楽曲を含む本作自体も、非常にアーバンでスタイリッシュな内容に仕上がっている。ミディアム・テンポでメロウに聴かせる「**ちょっとそこまで**」に始まり、'80ｓファンクを思わせる「**BODY-CATION**」、メロディメイカーとしてのセンスが窺えるバラード「**Summer Eyes**」、ジャジーソウル・テイストの「**What's The Wonder?**」、アッパーでポップな「**虹のグランドスラム**」とバラエティに富んでいるだけでなく、確固たるソウルネスがきりりとアルバム全体を貫いている。彼のサウンドに欠かせない音楽パートナーである柿崎洋一郎を軸に据えつつも、基本はニューヨークのミュージシャンを多数起用した海外レコーディングならではのゴージャスな仕上がりも文句なし。

日本において本場米国のR&Bを無理なく取り入れることに成功した金字塔であると同時に、後続のアーティストに与えた影響も計り知れない90年代の代表作である。

Column 2

ヒット・プロデューサーたち

音楽プロデューサー。この言葉で頭に思い浮かぶのは誰だろうか。多くの方がまず名前を挙げるのが、90年代に活躍したプロデューサーではないかと思う。この時代の音楽シーンにおいて、プロデューサーは重要なキーワードのひとつであることは間違いない。

一般的に最も知られている音楽プロデューサーといえば、おそらく小室哲哉だ。90年代半ばから後半にかけて、手掛けた楽曲やアーティストが軒並みミリオン・ヒットを記録。時にはフロントに立つヴォーカリストよりも目立つことがあったほどである。小室哲哉のキャリアは、19

75年から始まる。数々のアーティストのサポート・ミュージシャンとして活動した後、ロック・バンドのSPEEDWAYを経てTM NETWORKを結成し、80年代を席巻した。渡辺美里に提供した「My Revolution」（1986年）などの大ヒットがあったとはいえ、当時はあくまでもソングライティングもできるプレイヤーといったところだろうか。本格的にプロデューサーを名乗り、小室ブームを巻き起こすのはtrfがデビューした1993年以降だ。篠原涼子 with t. komuro「恋しさと せつなさと 心強さと」（1994年）が打ち上げ花火となり、H Jungle with t「WOW WAR TONIGHT ～時には起こせよムーヴメント」（1995年）、華原朋美「I BELIEVE」（1995年）、安室奈美恵「Chase the Chance」（1995年）とミリオンヒットを連発。自身がメンバーで参加したglobeが始動するなど、この時期は「小室サウンド時代」と言い換えてもおかしくないほどの活躍ぶりを見せた。また、音楽面だけでなく、タイアップやプロモーションなどに関してもプロデューサーとしての視点を徹底し、すべてを自身でコントロールしていったのも大きな特徴だ。

もうひとりのTKである小林武史も、プロデューサーとしてスポットライトが当たった人物である。杏里に提供した「思いきりアメリカン」（1982年）が作曲家としての出世作であり、その後数々のアーティストのサポートやアレンジなども手掛けていく。なかでも桑田佳祐との出会いは大きく、彼のソロ・アルバム『Keisuke Kuwata』（1988年）では編曲家として全面的に参加。それをきっかけに、90年代前半のサザンオールスターズにはなくてはならない存在となった。そしてなんといっても、Mr.Childrenをプロデュースしたことは大きなエポックだ。プロデューサーというよりも5人目のメンバーと言っていいほど深く入り込み、メッセージ性の強いロック・バンドへと成長させていったのである。また、自身もメンバーとして参加したMY LITTLE LOVERや、岩井俊二の映画と四つに組んだCharaがヴォーカルのYEN TOWN BANDでも大ヒットを飛ばした。小林武史は作曲や編曲、そしてプレイヤーとしての手腕は言うまでもないが、コンセプト・メーカーとしてもその才能を発揮し、2000年代以降も多方面で活躍する。

2人のTKと対照的に、表舞台には出てこないがその名が通ったプロデューサーというと、ビーイングの創始者である長戸大幸の存在は無視できない。80年代はLOUDNESSやTUBEなどを抱えるプロダクションというイメージだったビーイングだが、90年代入るとB・B・クィーンズ「おどるポンポコリン」(1990年)が大ヒットし、B'zがブレイク。1991年デビューのZARD、WANDS、T-BOLAN、1992年デビューの大黒摩季、1993年デビューのDEEN、1995年デビューのFIELD OF VIEWなどが続々とブレイクしていった。ビーイングのプロダクツは特徴的で、黎明期から所属する織田哲郎や亜蘭知子、そして黄金期を支えた葉山たけし、川島だりあ、栗林誠一郎、明石昌夫といった有能なクリエイターを多数擁しており、彼らが分業体制でドラマやCMといった大型タイアップのニーズを計算しながらヒット曲を量産していった。また、バンド編成のグループが多かったが、ライヴハウスでの叩き上げではなくオーディションで見つけた才能を組み合わせてデビューさせるというパターンがほとんどで、これらを的確に取り仕切っていた長戸大幸の手腕は見事としか言いようがない。

ユニークなプロデューサーということでいえば、シャ乱Qのつんくにも触れるべきだろう。飛ぶ鳥を落とす勢いだったバンドのヴォーカリストだったため、知名度は申し分なし。その勢いで、テレビのオーディションン番組『ASAYAN』の「女性ロックヴォーカリストオーディション」のメインを張り、プロデューサー・ブームをさらに後押ししたともいえる。全国で予選を勝ち抜いてきた女性たちに様々な試練を与えるつんくの姿は、彼のプロデュース能力の高さをアピールするのにうってつけだった。実際、ここからモーニング娘。が登場し、女性アイドル・グループのブームが巻き起こったのはご存じの通り。メディアと組んだ巧妙な仕掛けは、その後の様々なオーディション番組やプロデューサーのひな型として受け継がれている。

つんくと対照的に、趣味性を追求したような自然体かつ特異なプロデュースで話題を呼んだのが奥田民生だ。UNICORN時代からバンドの枠を超えたアイデアを取り入れて評価されていたが、1994年にソロとしても成功した後、１９９６年にPUFFYのプロデュースを手掛けて大当たり。ギミックが盛りだくさんのプロダクションは、時代の空気ともフィットして新しいＪ－ＰＯＰの形を生み出した。PUFFYの楽曲制作でも組んだ井上陽水とは、井上陽水奥田民生という名前を連ねただけのユニットを結成し、これもまた話題になった。

もちろん、従来型のサウンド・プロデューサーも多数活躍している。ロックの分野では、佐久間正英がGLAY、JUDY AND MARY、くるりなどを手掛け、笹路正徳がスピッツやthe brilliant greenをブレイクさせた。そして、亀田誠治が椎名林檎で成功したことで、２０００年代以降の新しい潮流を生み出すことになる。90年代後半のR＆Bディーヴァ・ブームからは、朝本浩文、大沢伸一、今井了介、島野聡といった時代と呼応するニュータイプのサウンド・プロデューサーが現れ、伊秩弘将は

SPEEDのトータル・プロデュースで一躍脚光を浴びた。

　こういったプロデューサーたちの仕事を追いかけるだけでも、90年代の音楽シーンがいかに豊かだったのかがよくわかるだろう。まさに「プロデューサーの時代」だったのである。

1997

YAMAZAKI MASAYOSHI
POCH-1631 STEREO
A
電気グルーヴ
PRIDE
KinKi Kids
clover
SUGA SHIKAO
HOME
THE YELLOW MONKEY

THE YELLOW MONKEY

ザ・イエロー・モンキー

SICKS

1997年1月22日発売
FUN HOUSE

01. RAINBOW MAN
02. I CAN BE SHIT, MAMA
03. 楽園
04. TVのシンガー
05. 紫の空
06. 薬局へ行こうよ
07. 天国旅行
08. 創生児
09. HOTEL宇宙船
10. 花吹雪
11. 淡い心だって言ってたよ
12. 見てないようで見てる
13. 人生の終わり (FOR GRANDMOTHER)

電撃的なレコード会社移籍後に発表した当時の日本語ロック・シーンの最重要作品

ビート・パンク、ジャパニーズ・メタル、ヴィジュアル系など、日本のロックのトレンドは数多あるが、そのいずれにも属していそうでそうとも言い切れない不思議な立ち位置のロック・バンド。THE YELLOW MONKEYはそんなイメージがある。ヴォーカルの吉井和哉、ギターの菊地英昭、ベースの廣瀬洋一、ドラムスの菊地英二という4人が奏でる音楽は、とにかくジャンルレスのロックである。ハードロック、グラムロック、ヘヴィメタル、パンクなどから、ブリット・ポップやディスコ、歌謡曲までとにかく幅広い。しかし、それでもまったくブレがないように感じるのは、吉井和哉という天才的な表現者が中心にいるからだろう。

1992年にメジャー・デビューした彼らは、当初それほど注目されたわけではなかった。しかし、徐々にライヴの動員も増え、『jaguar hard pain』(1994年)のようなセンセーショナルな作品を発表しているうちに人気も高まっていった。そして、1996年には「JAM」と「SPARK」という対照的な名曲をヒットさせて、トップ・バンドに躍り出たのである。

そんな絶頂を迎えようとしている矢先、電撃的なレコード会社の移籍を敢行して発表したのが6作目のアルバムとなった本作である。先行シングル「**楽園**」も大ヒットしているが、まさに新天地に向かうという意味の歌詞が様々な憶測を呼んだ。そして、この曲のヌケの良さは、あらためて音楽シーンに彼らの存在感をアピールすることとなり、アルバムは当時の日本語ロック・シーンの最重要作としてメディアからも高く評価されることになった。

それにしても、ロックという骨格を守りながら、ここまで引き出しの多さを見せるバンドはなかなかいないだろう。少しサイケなオールド・ロック風の「**RAIN BOW MAN**」に始まり、テレビの歌番組に出演するバンドを自虐も込めて歌った「**TVのシンガー**」、デヴィッド・ボウイを思わせるロックンロール「**創生児**」、ポップな歌謡ロック風の「**HOTEL宇宙船**」、和のテイストを感じさせる「**花吹雪**」など、振り幅の広い多重人格的なパフォーマンスに魅了される。さらにライヴで培ったアンサンブルとヴォーカルのマッチングには、風格すら感じさせられるだろう。

そして、ここには無視できないシリアスなナンバーが2曲ある。ひとつは8分を超えるプログレッシヴでドラマティックな「**天国旅行**」。そして、〝血が泣いてるんだよ〟というフレーズが耳にこびりつく、祖母に捧げたという「**人生の終わり**（FOR GRANDMOTHER）」。こういったヘヴィなナンバーがしっかりと含まれたことで、単なるポップ・ロックのバンドにはない重みと深みを作り上げたのだ。そして活動休止となる2001年の東京ドーム公演までは、孤高のロック・バンドとして独自の道を突き進んでいくのである。

電気グルーヴ

デンキグルーヴ

A（エース）

1997年5月14日発売
Ki/oon Sony Records

01. かっこいいジャンパー
02. VOLCANIC DRUMBEATS
03. ポケット カウボーイ
04. ユーのネヴァー
05. パラシュート
06. ガリガリ君
07. 猫夏
08. あすなろサンシャイン
09. Shangri-La
10. SMOKY BUBBLES
11. ループ ゾンビ

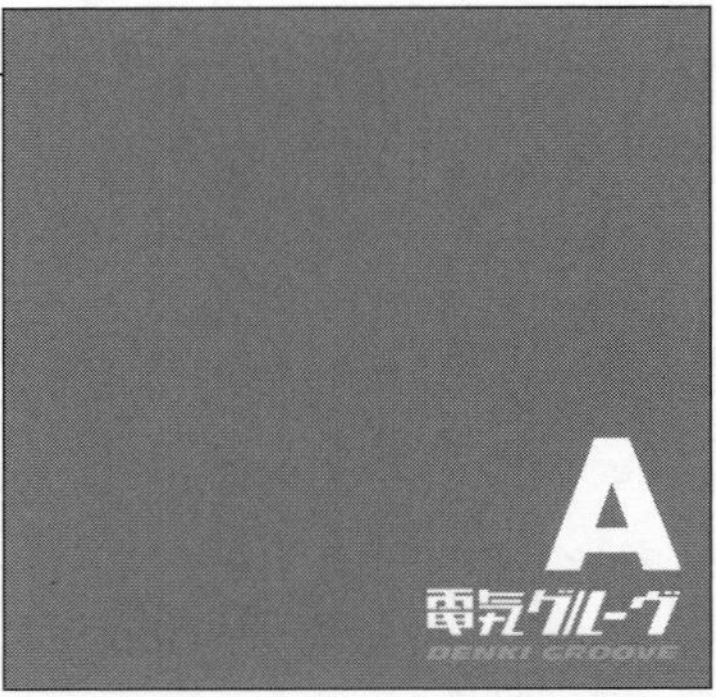

コアなテクノ・ファンを納得させながらも、ポップな側面でJ-POPのリスナーを彼らの世界観に引き込んだ作品

ハウスやテクノ、ドラムンベースといったクラブミュージックが音楽ファンの間に浸透していったことは、90年代の音楽シーンを語る上で欠かせない出来事のひとつだ。それまでのダンス・ミュージックは、いわゆるディスコ・サウンド一辺倒だったのがどんどん細分化され、ヴェルファーレのような大バコのディスコが盛り上がる一方で、ジャンルごとの特色を持つ小バコのクラブも増大していった。テクノもそういった流れで盛り上がり、90年代初頭にはケン・イシイや田中フミヤといったＤＪたちが世界に羽ばたいていった。

電気グルーヴもこの動向の中でオーヴァーグラウンドに浮上してきたグループだが、出自はもっとドメスティックなものだ。もともと石野卓球とピエール瀧は人生（ZIN-SÄY!）というコミカルなテクノポップ・グループで活動していたが、解散直後の１９８９年に電気グルーヴを結成。インディーズでの活動を経て、１９

91年にアルバム『FLASH PAPA』でメジャー・デビューを飾った。当初は人生の延長線上のようなハチャメチャな歌詞や音楽性が中心だったが、徐々に本格的な電子音楽へと移行。デトロイト、マンチェスター、ベルリンといった世界中のシーンと呼応しながら独自のサウンドを形作っていくのである。

そして徐々に「日本のテクノと言えば電気グルーヴ」という図式を音楽シーンで確立していき、満を持してヒットとなったのがシングル「**Shangri-La**」だ。アルゼンチンの作曲家ベブ・シルヴェッティの1977年のインスト・ヒット「Spring Rain」をベースにしたエレポップ風のキャッチーな楽曲は、テレビのCMソングに起用されたことでヒットして代表曲となった。本格的なテクノから少し外れた作品だったとはいえ、当時のメンバーである石野卓球、ピエール瀧、砂原良徳、それぞれの個性が生かされた一曲でもある。

7作目のオリジナル・アルバムとなる本作は、「**Shangri-La**」を含むこともあって、彼らの作品の中でも比較的ポップな内容である。ほんのりとエスニック風味のオープニング・ナンバー「**かっこいいジャンパー**」、山木秀夫が叩くファンキーなドラムスに心躍る「**VOLCANIC DRUMBEATS**」、YMOの影響を濃厚に感じられる「**ガリガリ君**」、朗々としたヴォーカルが妙に耳に残る「**あすなろサンシャイン**」など、いずれも凝ったサウンドでありながら非常にキャッチーで、コミカルな歌詞と共に楽しく聴くことができる。一方で、8分半にわたって高揚感を煽る「**パラシュート**」や、淡々としたアンビエント・トラックの「**SMOKY BUBBLES**」などには、サウンド・クリエイターとしての矜持を感じさせるのだ。

コアなテクノ・ファンを納得させながらも、ポップな側面でJ-POPのリスナーを彼らの世界観に引き込んだ作品として、本作は非常に重要な位置付けと言えるだろう。

Bonnie Pink

ボニー・ピンク

Heaven's Kitchen

1997年5月16日発売
LOVE LITE/STONE FOX

01. Heaven's Kitchen
02. ほほえみの糧
03. It's gonna rain!
04. Do you crash?
05. Silence
06. Mad Afternoon
07. Lie Lie Lie
08. Melody
09. Pendulum

本作でのBonnie Pinkの楽曲は、まるで水を得た魚のように生き生きとした作品ばかりだ

いくらグローバル化されつつあったとはいえ、日本語以外の歌がヒットすることはない。それが音楽業界の通説だった。しかし、Bonnie Pinkの登場は、そういった常識を覆すものだったといってもいい。英語のフレーズを多用した楽曲は多分に洋楽的であり、なおかつとても自然な表現でもあった。とはいえ、デビュー当初はそこまで英語の比重が大きかったわけではない。１９９５年のデビュー・アルバム『Blue Jam』は、基本的に日本語詞だ。井出靖がプロデュースを担い、ORIGINAL LOVEやBuffalo Daughterのメンバーがアレンジに携わっていることから、渋谷系の発展形というような印象だったということもある。それが、ガラッと変わったように思えたのが、2作目のオリジナル・アルバムである本作からだろう。

　スウェディッシュ・ポップの火付け役として知られるトーレ・ヨハンソンにプロデュースを依頼した本作は、スウェーデンのマルメにあるタンバリン・スタジオでレコーディングされた。トーレ・ヨハンソンは、カーディガンズやクラウドベリー・ジャムを手掛けて日本でも認知され、同時期に原田知世やカジヒデキのプロデュースも行っている。この時点では世界的に見ても、最も旬のプロデューサーだったのだ。しかし、Bonnie Pinkは単に流行りに乗ったということではなく、彼女の洋楽的な感性を生かすには海外のプロデューサーと組ませたほうがいいという制作側の意図があったと思われる。

ここでのBonnie Pinkの楽曲は、まるで水を得た魚のように生き生きとした作品ばかりだ。冒頭のアルバム・タイトル曲「**Heaven's Kitchen**」がその顕著な例だろう。驚くべきことにこの曲は彼女が初めて作った楽曲だそうだが、サビや後半部分がほとんど英語詞というのも当時は画期的だった。アニメ『るろうに剣心-明治剣客浪漫譚-』のエンディング・テーマに使われた「**It's gonna rain!**」などは日本語詞ではあるが、日本を感じさせないフィーリングの楽曲だし、R&B風のタイトなリズムとミニマムなバッキングがクールな「**Lie Lie Lie**」のかっこよさはそれまでのJ-POPにはなかった感覚だ。英語も日本語も自然にメロディに乗せるテクニックが見事で、そこがスタイリッシュに聴こえたのだろう。

そしてやはり、トーレ・ヨハンソンのプロデュース力も素晴らしい。シンプルなバンド編成を基調にし、ときには管楽器や弦楽器をフィーチャーしながら、どこかノスタルジックなイメージの音像を、Bonnie Pinkのコロコロと転がるような変幻自在のヴォーカルに当てはめたことは大正解だったといえるだろう。

彼らのコラボレートはこの後も『evil and flowers』（1998年）や『Even So』（2004年）などで続けられるが、いずれも彼女の代表作といってもいい出来栄えである。

山崎まさよし

ヤマザキマサヨシ

HOME

1997年5月21日発売
Polydor

01. Fat Mama
02. アドレナリン
03. セロリ
04. ベンジャミン
05. スクリーミン'97
06. 名前のない鳥
07. コペルニクスの卵
08. 僕らの煩悩
09. 昼休み
10. One more time, One more chance
11. ヤサ男の夢
12. HOME

ソングライター、ストーリーテラーとしての山崎まさよしの才能がしっかりと打ち出されている

アコースティックを爪弾くシンガー・ソングライターなんていう古風なスタイルは、目新しくなかったはずなのに、山崎まさよしの登場はとても新鮮だった。しかも、ルーツはマニア以外に見向きもされていなかったブルースである。1992年にはインディーズ・デビューを果たすも諸事情により上手くいかず、1995年にようやくメジャー・デビューを実現した。しばらく芽が出なかったが、1997年に俳優として主演した映画『月とキャベツ』が公開され、その主題歌「One more time, One more chance」が関西を中心にロング・ヒットを記録。ようやくシンガー・ソングライターとして認知されるようになった。この当時、斉藤和義、中村一義とともに、メディアで〝3よし〟と呼ばれることもあったが、それだけ注目されていたのだ。

　本作は、その「One more time, One more chance」が収められた2作目のオリジナル・アルバムである。

この曲の吸引力は見事で、街の風景が浮かび上がるような言葉を並べ、サビで〝いつでも捜しているよ どっかに君の姿を〟と失った恋を追い求める心情を切々とアピールするラブソングの傑作だ。バラーディアとしての魅力はこの曲にとどまらず、ギター1本でしっとりと歌う「**ベンジャミン**」や、ノスタルジックで優しさに満ちた「**HOME**」などにおける表現力はここですでに完成されている。

しかし、山崎まさよしの魅力は〝静〟だけではない。ライヴでおなじみのレパートリーである冒頭の「**Fat Mama**」に代表されるように、ファンキーでグルーヴィーなアコースティック・ギターのカッティングが映えるアップ・テンポのナンバーにも名曲が目白押しだ。「**昼休み**」のリズム・セクションとのコンビネーションは素晴らしいし、ザ・バーズのような軽快なフォークロックの「**アドレナリン**」、泥臭いブルース・コードを駆使した「**スクリーミン'97**」、レトロなフォークブルースの「**ヤサ男の夢**」などはライヴの雰囲気も伝わるナンバーで、文句なしに楽しめるはずだ。

そして、本作には「**セロリ**」という重要曲も収められている。ユーモアに溢れたポップなこのナンバーは、本作のリリースと同じタイミングでSMAPがシングル曲としてカヴァーし、彼らの中でも歴代ベスト10に入るくらいの大ヒットを記録。一躍、山崎まさよしという名前をお茶の間に広めるきっかけを作った。

他にもフォルクローレのような憂いのある「**名前のない鳥**」や、レゲエ風のリズムがユニークな「**コペルニクスの卵**」など様々なタイプの楽曲でアルバムが構成されており、ソングライター、ストーリーテラーとしての彼の才能がしっかりと打ち出されている。その後も「水のない水槽」(1998年)や「僕はここにいる」(1998年)といった名曲を連発し、山崎まさよしはギターを抱えたシンガー・ソングライターの代名詞になっていくのだ。

SPEED
スピード

Starting Over
1997年5月21日発売
Toy's Factory

01. Walk This Way
02. Body & Soul
03. Luv Vibration
04. STEADY
05. RAKUGAKI
06. サヨナラは雨の日…
07. Go! Go! Heaven (Album Version)
08. I Remember
09. Kiwi Love
10. Happy Together
11. Starting Over
12. Starting Over (reprise) ~Walk This Way

輝かしい瞬間をとらえたドキュメントとしても、本作には抗えない魅力が詰まっている

歌、ダンス、ラップと、四人四様でありながら、いずれもレベルは高い。しかもキッズ・グループだから、という甘えや妥協も一切なし。SPEEDはそんなハードルを軽々とクリアしていた恐るべきユニットである。アイドル・グループとしてのポジションはキープしながら、音楽的にも高い評価を得た、これまでにないタイプだったといえる。

安室奈美恵やMAXを輩出したことで知られる沖縄アクターズスクールに通っていた4人の少女たち。新垣仁絵、上原多香子、今井絵理子、島袋寛子というメンバーで結成されたSPEEDは、1995年に音楽番組『THE夜もヒッパレ』で初めてメディアに登場し、視聴者から募ったグループ名を背負って、翌1996年にシングル「Body & Soul」でメジャー・デビューを果たした。この時、最年少の島袋寛子は11歳、最年長の新垣仁絵さえも14歳だったというから驚きだ。シックの「Le Freak」から引用したイントロに乗せたディスコ・スタイルのこの曲は、キャッチーなメロディと瑞々しいラップ・パートのインパクトもあって大ヒットを記録するのである。

彼女たちの成功には、伊秩弘将の徹底したプロデュース力も大きかった。もともと彼は、渡辺美里の「恋したっていいじゃない」（1988年）や久宝留理子の「男」（1993年）などのヒットで評価の高かったソングライターだったが、SPEEDに関しては全曲の詞曲とプロデュースを担当。セカンド・シングル「**STEADY**」とサード・シングル「**Go! Go! Heaven**」をミリオン・ヒットにまで押し上げたこともあって、当時は小室哲哉、小林武史、つんくなどと並ぶトップ・プロデューサーに位置付けられるまでになった。それくらい、SPEEDのプロダクションは圧巻だったのである。

このファースト・アルバムは、シングル・ヒット以外の楽曲も含めて例外なく充実している。メンバー自身のことも盛り込まれたストリート感覚あふれるヒップホップ・ソウル調の「**Walk This Way**」に始まり、ミディアム・テンポのダンサブルなビートとサビでの転調が強力な「**Luv Vibration**」、アーバンでダンサブルなR&Bナンバー「**RAKUGAKI**」、大人っぽさを演出したメロウな「**I Remember**」、ジャクソン・ファイヴ風のメロディが印象に残る「**Happy Together**」、ゴスペル・コーラスを携えた壮大な「**Starting Over**」と全曲が聴きどころ。何よりも、彼女たちの溌溂とした歌声が思う存分味わえる。もちろん少し幼さが残るとはいえ、そこがまた初々しく、ヒットにつながったのではないだろうか。

彼女たちの活動は数年で終焉を迎えるが、メンバーはそれぞれ別の道に進み活躍する。時折再結成することもあるが、やはりこのデビュー当初のフレッシュネスは特別。輝かしい瞬間をとらえたドキュメントとしても、本作には抗えない魅力が詰まっている。

川本真琴

カワモトマコト

川本真琴

1997年6月25日発売
Sony Records

01. 10分前
02. 愛の才能 (ALBUM VERSION)
03. STONE
04. DNA
05. EDGE
06. タイムマシーン
07. やきそばパン
08. LOVE & LUNA
09. ひまわり
10. 1/2

天性のキャラクターによって、聴く者を川本真琴の世界に取り込んでいった

畳みかけるような言葉使いを駆使して、軽快かつキュートに歌い上げるヴォーカル。川本真琴は、歌の表現力からギターを持った立ち姿まで、すべてにおいて新しい時代を感じさせるシンガー・ソングライターだった。クラシックの素養があった彼女は、地元の福井県で楽器店勤めをしながら地道に音楽活動を行っていたが、音楽関係者の薦めで東京のオーディションを受けたことで注目され、デビューにつながった。そして、自身の希望で岡村靖幸に作曲、編曲、プロデュースを依頼し、そこに自作の歌詞を乗せて発表したのが、1996年5月にリリースされたデビュー曲「**愛の才能**」である。

ファンキーなアコースティック・ギターのカッティングと、細かく刻むような譜割のメロディに乗せた歌詞が印象的な「**愛の才能**」は瞬く間に注目を集め、ジャングル・ビートに揺られて軽快に歌う「**DNA**」、サビがモータウン調でキャッチーな「**1/2**」と続けてシングル・ヒットを放った。そして、満を持して発表されたファースト・アルバムが本作である。江口信夫、有賀啓雄、佐橋佳幸、小倉博和、柴田俊文と、錚々たるスタジオ・ミュージシャンが名を連ねていることからも、彼女に対する期待度がよくわかる。アレンジをマニピュレーターとして数々の著名アーティストと仕事をしてきた石川鉄男に委ね、アルバム全体のトーンも統一されている。

しかしそういった周辺のことよりもまず驚かされるのが、川本真琴が作る楽曲のクオリティだ。デビュー曲こそ岡村靖幸の手を借りたが、それ以外はすべて自身が詞曲を手掛けている。先行のシングル・ヒットはもちろん、他の楽曲からもメロディメイカーでありストーリーテラーである彼女の特性がにじみ出ており、デビュー・アルバムとは思えない貫禄すら感じさせるのだ。

ハード・ロック風のバンド・サウンドとの相性が絶妙な「STONE」、不穏な雰囲気を演出する「EDGE」、ラップのように早口で情報量が濃密な「やきそばパン」など、器用に楽曲のスタイルを微妙に変化させ、単調にならない工夫がそこかしこに忍ばされている。なかには「ひまわり」のようにメロディがどこに向かっていくのかさっぱり読めない、ある種のアヴァンギャルド性を感じさせるナンバーまであり、底知れぬ才能を感じさせてくれる。

こういった楽曲群をひとつにまとめ、癖の強い岡村靖幸の楽曲すら違和感なく一枚のアルバムに収められるなんていうのは、普通のミュージシャンならとてもデビュー・アルバムで成し得るものではない。それだけ川本真琴はその個性を押し出すことが上手く、天性のキャラクターによって聴く者を彼女の世界に取り込んでいったのだ。この後もいくつかのシングルを発表するが、セカンド・アルバム『gobbledygook（ガボゥディーゴック）』まで4年も待つことになるのである。

今井美樹

イマイミキ

PRIDE

1997年7月16日発売
FOR LIFE

01. PRIDE (OVERTURE)
02. LAST JUNCTION
03. I CAN'T STOP LOVIN' U
04. DRIVEに連れてって
05. No1
06. OVER THE RAINBOW
07. 永遠のメモリー
08. Prussian Blue
09. Windy noon
10. アラビアン・ナイト
11. 私はあなたの空になりたい
12. PRIDE

「PRIDE」の世界観が今井美樹のパブリックイメージだとしたら、それはまったくもって間違いではない

自立した女性。なんていう言葉は今敢えて使うべきではないと思うだろうが、90年代は特別なことだった。女は男の少し後をついてくるものだという、前時代的な考え方も当時は珍しくはなかったのだ。そんな中で、今井美樹は女性の憧れといってもいい存在だった。けっして声高にフェミニズムを叫ぶわけではないが、彼女の佇まい自体が新しい時代を切り開いていくように見えたのではないだろうか。その象徴的な一曲が1996年11月に発表された屈指の名曲「PRIDE」である。

「PRIDE」はドラマ『ドク』の主題歌に起用され、ミリオン・ヒットを記録した。彼女はすでに1991年のシングル「PIECE OF MY WISH」でミリオンを達成していたし、1986年にデビューして以来、「彼女とTIP ON DUO」(1988年)、「瞳がほほえむから」(1989年)、「Miss You」(1994年)など多数のヒット曲がある。にもかかわらずこれだけの大ヒットになったのは、単にタイアップだけではなく多くの女性の共感を得たからだろう。〝私は今〟と歌い始めるインパクトもさることながら、ラブソングであると同時に〝貴方への愛こそが私のプライド〟と言える力強さはこれまでにない女性像を見せてくれた。壮大でありながらどこか抑え気味のメロディラインや、ギターを軸に華麗なアレンジを手掛けた布袋寅泰は、作詞家としても見事に時代をとらえたといえる。

本作は**「PRIDE」**のヒットを受け、この曲を主軸に制作された作品で、ちょうど10枚目を数えるオリジナル・アルバムである。**「DRIVEに連れてって」**や**「私はあなたの空になりたい」**といった他のシングル曲が収められているとはいえ、オープニングにはオーケストラで演奏する**「PRIDE」**のインストゥルメンタルが置かれ、ラストには**「PRIDE」**のアルバム・ヴァージョンが収められているため、アルバム・タイトル通りやはり主役はこの曲といってもいいだろう。

レコーディングは主にロンドンのアビー・ロード・スタジオで行われており、ドラムスのアンディ・ニューマーク、ベースのクマ原田、キーボードのクリス・キャメロンといった洋楽ファンなら垂涎の超一流のミュージシャンがサポートしているのも特徴だ。ファンキーなリズムに乗せた**「LAST JUNCTION」**や**「I CAN'T STOP LOVIN' U」**、レゲエ調の**「No1」**、ブラジリアン風の**「Windy noon」**といったナンバーはさすがのクオリティで、いかに贅沢に作られていたのかがよくわかる。

世界的な腕利きプレイヤーたちを仕切って作り上げた布袋寅泰の力量もさることながら、物怖じせず凛としたヴォーカルを聴かせる今井美樹の佇まいは見事としか言いようがない。**「PRIDE」**の世界観が今井美樹のパブリックイメージだとしたら、それはまったくもって間違いではないのである。

KinKi Kids

キンキキッズ

A album

1997年7月21日発売
Johnny's Entertainment

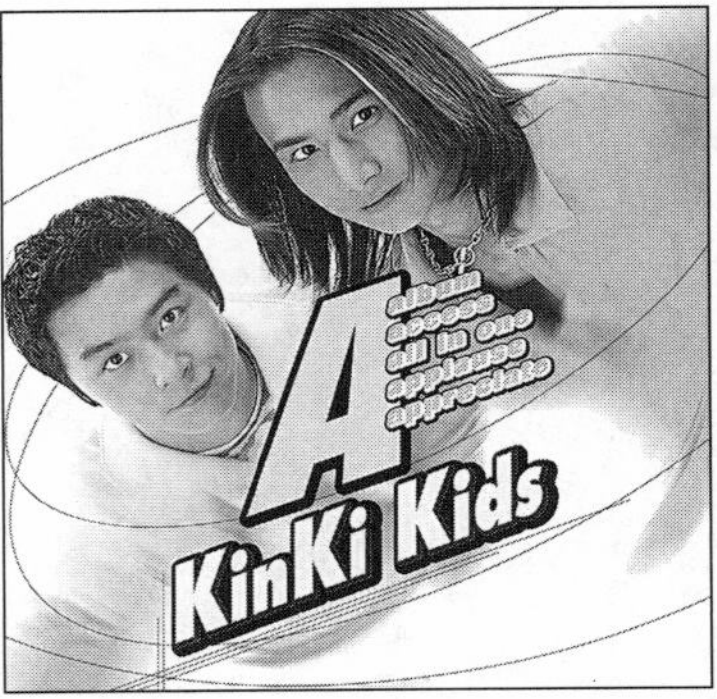

01. Rocks
02. Kissからはじまるミステリー
03. Tell me
04. 僕は思う
05. せつない恋に気づいて
06. DISTANCE
07. ひとりじゃない
08. あの娘はSo Fine
09. FRIENDS
10. たよりにしてまっせ

KinKi Kidsのプレゼンテーションには申し分ない様々なタイプの楽曲が収められているファースト・アルバム

ジャニーズ事務所が非常に特殊なプロダクションであることは周知の通りだが、個々のアーティストも冷静に見てみるととても奇妙だ。人を食ったようなグループ名が多いし、コミック・ソングのような楽曲も多い。その上、奇抜な衣装を着て派手なパフォーマンスをすることも少なくない。それこそがショービジネスのプロであるジャニー喜多川ならではのセンスなのだろうが、堂本剛と堂本光一の二人によるKinKi Kidsも例に漏れず唯一無二のグループだ。関西出身だからという理由で命名されたユニット名はもちろんのこと、血縁関係でもないのに同じ苗字、1991年に出会っているというのに本格的なデビューが6年後の1997年。しかも、彼らのデビューを見据えて設立されたレコード会社、Johnny's Entertainmentの第一弾アーティストという破格の扱いでもある。

彼らのデビュー曲「硝子の少年」も、そういった意味では特別な一曲だ。アイドル・グループのデビュー曲にしては、内省的で重厚な一曲である。歌詞は松本隆、作編曲は山下達郎という豪華なコンビによるものだが、この曲をデビュー曲にするまでには紆余曲折あったという。そして、デビュー・シングルとセットで販売されたのが、ファースト・アルバムである本作である。しかも、初回盤は100万枚プレスされて完売したというから、ジャニーズのKinKi Kidsを売り出す戦略がいかに巧妙だったかを物語る事実と言えるだろう。

もちろん、アイドルのアルバムだからといって、一切の妥協を許さないのもジャニーズのやり方。本作には彼らのプレゼンテーションには申し分ない様々なタイプの楽曲が収められているが、なかでも目玉となるのが**「Kissからはじまるミステリー」**だ。この曲は、「硝子の少年」と同じ松本隆と山下達郎のコンビによるもので、いくつかあったデビュー曲候補の一曲だった。ダンサブルなハウス・ビートに乗せてラップで歌い出し、歌謡的なメロディに展開していくという画期的なスタイルで、デビュー曲同様に彼らの歌の上手さと大人っぽさをアピールしていた。

他にも、B'zあたりにも通じるハードなロック・テイストと歌謡性が合体した**「Rocks」**、ファンク色が強い**「Tell me」**、ピアノを主体にしたバラード**「せつない恋に気づいて」**、ユーロビート風のダンス・チューン**「DISTANCE」**、ドラマ主題歌となったメロディアスな**「FRIENDS」**と多様性に富んでいる。それぞれのソロ・ナンバーを盛り込みつつ、ラストに笠置シヅ子の**「たよりにしてまっせ」**をヒップホップ・アレンジで聴かせるという飛び道具まであるのだ。

バラエティ番組などで見る彼らは、関西人特有のコミカルなキャラクターという印象だが、音楽面では比較的シリアスで憂いのある雰囲気に包まれる。このギャップも計算とはいえ見事だ。そんな二人の魅力は、すでにこのデビュー作から顕著に見られるのである。

スガシカオ

スガシカオ

Clover

1997年9月3日発売
Kitty

01. 前人未到のハイジャンプ
02. ドキドキしちゃう
03. SWEET BABY (Full Size)
04. 月とナイフ
05. In My Life
06. ヒットチャートをかけぬけろ (Album Version)
07. ドキュメント'97
08. サービス・クーポン
09. イジメテミタイ
10. 黄金の月

スガシカオの登場によって、本当の意味での日本のソウル・ミュージックが生まれたといっても過言ではない

日本人にしか成し得ないポップなスタイルで、ファンクを血肉化した先人。久保田利伸を筆頭にブラック・ミュージックの影響下で日本のポップ・シーンを盛り上げてきたアーティストは多数いるが、スガシカオほど自然体で昇華したシンガー・ソングライターはそれまでいなかったかもしれない。ファンキーでソウルフルながら、アメリカナイズされることなくあくまでも淡々と日本語詞を綴る。彼の登場によって、本当の意味で日本のソウル・ミュージックが生まれたというのは、少し言い過ぎだろうか。

そんな大それた言説も、デビュー・アルバムである本作を聴けば納得するはずだ。学生時代から音楽活動を行っていたスガシカオだが、卒業後はイベント制作を行う広告代理店勤務のサラリーマンを続けていた。その後、脱サラしてミュージシャンを目指すが、メジャー・デビューは30歳を超えてからという遅咲きの天才なのである。

彼の才能の豊かさは、冒頭の「**前人未到のハイジャンプ**」からしっかりと伝わるだろう。ダンサブルなビートに、アコースティック・ギターが絡むラフなサウンドに乗せて、感情を抑え目に繰り出すクールなヴォーカルに思わず引き込まれる。タイトなリズムからサビで一気に突き抜ける「**ドキドキしちゃう**」、ハモンド・オルガンを交えた粘っこいアレンジに身体を揺らされる「**In My Life**」、さらにアーシーかつ軽快に展開する「**ドキュメント'97**」、ハードでヘヴィなファンク・チューン「**サービス・クーポン**」などからは、彼のブラック・ミュージック愛が感じられる。同時に、ドメスティックな感覚をしっかりと盛り込み、違和感なく聴かせる技は見事だ。

全体的にどこか密室感があるのは、バンド・サウンドのように聴かせながら、プログラミングにギターやキーボードといった生楽器を乗せるスタイルが中心だからだろう。「**黄金の月**」のように70年代ファンクのような意匠を凝らした楽曲もあるが、プリンスにも通じる緻密に組み立てられたアレンジの力は非常に大きい。先行シングルだった「**ヒットチャートをかけぬけろ**」は、その細やかなサウンドとポップさのマッチングがもっとも成功した一曲といえるだろう。

そして、村上春樹も認めたという〝詩人〟ともいえるスガシカオが作る言葉の強さにも注目したい。〝ぼくの言葉が足りないのなら ムネをナイフでさいて えぐり出してもいい〟なんていう衝撃的な歌い出しのバラード「**月とナイフ**」があると思えば、性的な香りが濃厚に立ち込める「**イジメテミタイ**」まで、その世界観は谷崎潤一郎や大江健三郎にも通じる少々古風な文学性を感じさせる。単にブラック・ミュージックを取り入れるだけでなく、言葉の響きや歌詞の世界観を溶け込ませたことが、スガシカオがポップスターとして成功した理由なのだ。

Chara
チャラ

Junior Sweet
1997年9月21日発売
EPIC/SONY

01. ミルク
02. やさしい気持ち（しあわせversion）
03. しましまのバンビ
04. 私の名前はおバカさん
05. タイムマシーン
06. 勝手にきた
07. どこに行ったんだろう？あのバカは
08. 私はかわいい人といわれたい（original version）
09. Junior Sweet
10. 花の夢
11. 愛の絆
12. せつないもの

公私ともにCharaの絶頂期に生み出された本作は、“多幸感”の一言で言い表すことができる

それまでにいなかったニュータイプのシンガー・ソングライターであり、ファッションリーダー。それが当時のCharaのイメージである。そこはかとなくソウルやR&B、とりわけプリンスの影響が色濃いディープなサウンドと、ガーリィなフレーズをちりばめた歌詞、そしてウィスパー・ヴォイスからソウルフルな歌唱法まで駆使しながらも独特の甘えるような印象の声。こういった唯一無二の音楽性を持ちつつも、時には奇抜なファッションを身にまとった個性的なルックスで、ストリート系女子にとってカリスマ的な存在となった。

　そんなCharaが、音楽的にも人気度も最初のピークといっていい時期に発表した5作目のオリジナル・アルバムが本作である。ちょうど前年の1996年には映画『スワロウテイル』に主演し、劇中に登場するバンドのYEN TOWN BANDのヴォーカリストとして参加した「Swallowtail Butterfly ～あいのうた～」が大ヒットしたこともあり、ベストなタイミングで発表されたといえるだろう。また、ジャケットで手をつないでいるのが当時結婚したばかりの夫だった浅野忠信ということもあって、ビジュアル面においても話題を呼んだ。

いわば公私ともに絶頂期に生み出された本作を、ひとことで言い表すならば〝多幸感〟。デズリーの「You Gotta Be」の大ヒットを生んだソングライター兼プロデューサーのアシュリー・イングラムと共作したアコースティック・ソウル風の「**ミルク**」から、資生堂のCMタイアップであり、彼女のキュートな魅力が目一杯詰め込まれた大ヒット曲「**やさしい気持ち**」という冒頭の2曲だけでも充実度は伝わってくる。

ユニークなのは、異種格闘技的なジャンルを超えたクリエイターがCharaのもとに集っていることだ。テイ・トウワがアレンジを手掛けたドリーミーなポップ・チューン「**しましまのバンビ**」では森高千里がドラムを叩いているし、先行シングルだった「**タイムマシーン**」にはbloodthirsty butchersの吉村秀樹と、小林武史の片腕ともいえる敏腕ギタリストの名越由貴夫が共作に名を連ねている。また、フォークロック・サウンドの「**どこに行ったんだろう？あのバカは**」はTHE STREET SLIDERSの土屋公平に委ねた作品であり、R&Bに肉薄したクールなタイトル曲「**Junior Sweet**」ではMONDO GROSSOの大沢伸一がサポートしている。Charaという大輪の花に多数の才能を持つミツバチが集まってくるかのごとく、すさまじいクリエイティヴを生み出していたのだ。

ただ、どれだけ多くのクリエイターが注入されても、Charaの個性はぶれることがないばかりか、さらに引き立っていることに驚かされる。そんなスリリングなコラボレーションを味わいつつも、彼女らしいキュートでカラフル、そしてピースフルな雰囲気を楽しめる作品なのである。

1998

Buffalo Daughter

バッファロー・ドーター

New Rock

1998年1月28日発売
Grand Royal

01. New Rock
02. R&B (Rhythm And Basement)
03. Great Five Lakes
04. What's The Trouble With My Silver Turkey?
05. Autobacs
06. Socks, Drugs And Rock 'N' Roll
07. Airport Rock
08. Super Blooper
09. Sad Guitar
10. No Tokyo
11. No New Rock
12. Sky High
13. Down Sea
14. Jellyfish Blues

全体に野太い筋が通っており、バンドとしての美学を強烈に感じさせるアルバム

ロック、ファンク、プログレ、ヒップホップ、テクノ、ダブ、現代音楽、etc……いずれも当てはまるけれど、そのどれでもない音楽。それがBuffalo Daughterの生み出す音楽の面白さであり醍醐味だ。あらゆる音楽が混然一体となった90年代の音楽シーンにおいて、彼らは生まれるべくして生まれたといっていいし、他に追随するものがいない孤高の存在でもある。しかも先鋭的だったにもかかわらず、実はそれなりにセールスを挙げている。特に当時の大型ＣＤショップでは大きく展開されていたし、音楽誌の表紙を飾ったこともある。ジャンルという概念に振り回されることなく、国内外で評価を高めたアーティストなのだ。

彼らの前身は、ハバナエキゾチカという女性４人組のバンドである。ファンクとロックのミクスチャーとして１９８７年に活動を開始したが、ヤン富田や小西康陽と組んだ作品を発表するなど徐々に音楽性も変化していった。１９９３年に解散したバンドから、ギタ

ーのシュガー吉永とベースの大野由美子が、彼女たちのアートワークを手掛けていたデザイナーの山本ムーグをターンテーブリストとしてメンバーに加えて結成したのがBuffalo Daughterの始まりだ。ドラムスの小川千果が加わり、4人組として『SHAGGY HEAD DRESSERS』（1994年）でデビューするが、小川はほどなく脱退。その後、ビースティ・ボーイズが主宰する米国のレーベル、Grand Royalと契約して話題を呼んだ。

本作は『Captain Vapour Athletes』（1996年）に続く2作目のオリジナル・フル・アルバムである。当時、彼らはクラウトロックと言われるドイツのプログレやサイケなどを好んで聴いていたという。そのため、どこか記号的というか構造的なサウンドになっているのが特徴だ。冒頭のアルバム・タイトル曲「**New Rock**」から、淡々と刻まれるギターとベースのフレーズと、ヴォーカルのアンサンブルに魅了され、そのままテクノともヒップホップとも解釈できそうなキッチュな「**R&B**（**Rhythm And Basement**）」へなだれ込んでいく。70年代サイケのような「**Great Five Lakes**」、ハードロック風のギター・フレーズをフィーチャーした「**Autobacs**」、ミニマル・ミュージックのように反復しながら展開する「**Super Blooper**」、ストレートなビートに高揚させられる「**Sky High**」と何度もクライマックスがあり、ユーモアに溢れた「**Jellyfish Blues**」でゆるりとアルバムを締めくくる。一曲一曲はとりとめもないようだが、実は野太い筋が通っており、バンドの美学を強烈に感じさせるアルバムである。

Buffalo Daughterはその後もコンスタントに作品を発表してツアーを行い、国内外で評価を高めていった。とはいえ、あくまでもスタンスはオルタナティヴ。彼女らのようなバンドが日本で生まれ、世界で評価されたのは、様々な音楽を受け入れた90年代の豊潤なシーンがあったことも大きい。ある種のカオスの中で目一杯才能を発揮したバンドなのである。

PUFFY

パフィー

JET CD

1998年4月1日発売
EPIC/SONY

01. ジェット警察
02. これが私の生きる道
03. CAKE IS LOVE
04. 愛のしるし
05. 春の朝
06. レモンキッド
07. 小美人
08. ネホリーナハホリーナ
09. 哲学
10. DE RIO
11. サーキットの娘
12. 渚にまつわるエトセトラ
13. MOTHER

プロデューサーとしての奥田民生の、本気の“遊び”に上手く乗っかったカラフルな一作

小室哲哉、小林武史、つんくといったプロデューサーが注目を浴びたのも、90年代の音楽シーンの特徴だ。『ASAYAN』のようなオーディション番組でも、どっちが主役なのかわからないくらい、プロデューサー陣は前面にフィーチャーされていた。PUFFYを手掛けた奥田民生も、プロデューサー・ブームの一例に数えてもいいのかもしれない。しかし、彼のスタンスが他と違うのは、とにかく好きなことを楽しんでやっているということ。実際のところどこまで戦略的だったのかはともかく、シーンにおける立ち位置やマーケティングなどよりも、とことん遊ぶことを重視しているように感じられるのだ。

彼の本気の〝遊び〟に上手く乗っかったPUFFYは、大貫亜美と吉村由美による女性デュオ。彼女たちは別々のオーディションで発掘され、事務所の意向でグループとしてデビューすることが決まる。そして、1996年にリリースされたデビュー曲「アジアの純真」

は、井上陽水と奥田民生の共作ということもあって大ヒットを記録した。直後にファースト・アルバム『ampiyumi』を発表してこちらもヒットするが、当初は企画物ということで継続するつもりはなかったという。しかしヒットしたことでさらにシングルのリリースを重ね、満を持して発表したのがセカンド・アルバムとなった本作である。

先行して発表したシングルが5曲もあったということもあって、とにかくポップで楽しい一枚に仕上がっている。奥田民生が手掛けた楽曲は、いずれも往年のロックやポップスからの引用が多く、特に「**これが私の生きる道**」には全体的にビートルズを思わせるフレーズが忍ばされていて、マニア心を摑まれる一曲だ。また「**サーキットの娘**」におけるゴーゴー・ダンスが似合いそうなオールド・スタイルなロックンロールや、ディスコ・ビートに乗せて井上陽水のシュールな歌詞が乗っかる「**渚にまつわるエトセトラ**」、爽快なフォークロック風の「**MOTHER**」と、懐かしさを感じさせるサウンドとPUFFYの二人のハーモニーが心地よく響く。

また、奥田民生だけでなく、外部作家の提供曲もユニークだ。ティンパニから始まる威勢のいい「**愛のしるし**」はスピッツの草野正宗、ローラ・ニーロやキャロル・キングのようなピアノ主体の「**春の朝**」はプリンセスプリンセスの奥居香、モータウン調の「**ネホリーナハホリーナ**」はウルフルズのトータス松本と、作家陣も豪華すぎるほど。しかも、そんなことには臆せず、PUFFYは淡々とマイペースで歌い綴っていく。

これほどバラエティに富んでいてもブレがないのは、彼女たちのキャラクターの強さあってこそ。逆に、彼女たちが歌うからこそなんでもありとも言い換えられるかもしれない。大人の遊びに付き合いながら、実は豪華なプロダクションを余裕で乗りこなしていたのである。

SUPERCAR
スーパーカー

スリーアウトチェンジ
1998年4月1日発売
dohb discs

01. cream soda
02. (Am I) confusing you?
03. smart
04. DRIVE
05. Greenage
06. u
07. Autmatic wing
08. Lucky
09. 333
10. TOP 10
11. My Way
12. Sea Girl
13. Happy talking
14. Trash & Lemmon
15. PLANET
16. Yes,
17. I need the sun
18. Hello
19. TRIP SKY

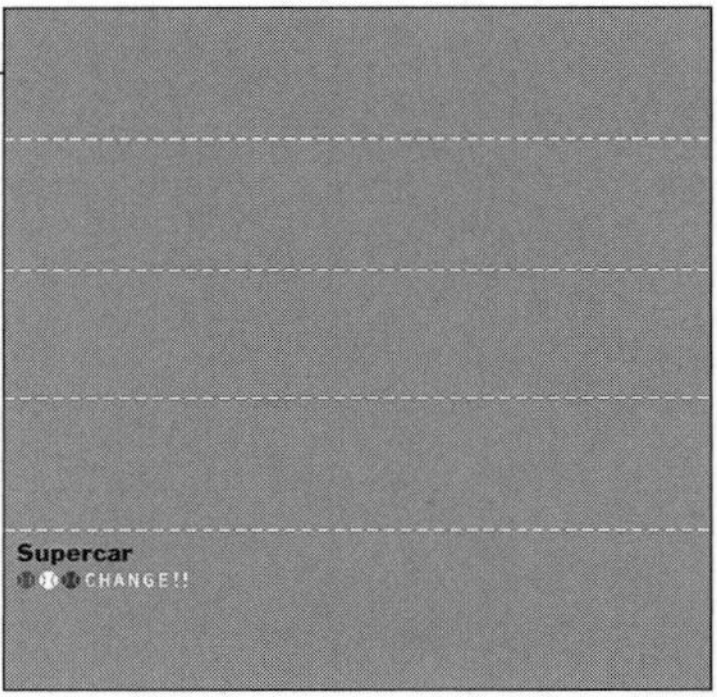

ラフな中に若さや青臭さが充満する、全19曲収録に及ぶ大作

ニルヴァーナが世界中を席巻した90年代初頭のグランジ・ブームの頃からだと思うが、ロウファイなんていう言葉が音楽シーンでも聞かれるようになった。80年代的な緻密な音楽性と高音質なスタジオ録音への反動のようなものだろうが、ノイジーでラフな演奏や手作り感のある宅録などがもてはやされるようになったのも90年代のロック・シーンの特徴のひとつだ。SUPERCARはそんな時期に突如現れ、非常に新鮮な印象で受け入れられた。活動を始めた当初のメンバーは全員10代で、しかも青森県在住。まともにライヴで演奏したことさえなかったというのに、1997年にメジャー・デビューを果たしたのだ。

本作は、デビューの翌年に発表されたファースト・アルバムで、音楽メディアで高く評価された作品だ。メンバーは、ヴォーカル&ギターのナカコーこと中村弘二、後に作詞家やプロデューサーとしても活躍するギターのいしわたり淳治、ヴォーカル&ベースのフルカワミキ、ドラムスの田沢公大という4人。バンドといってもライヴもせずにずっと曲作りのみを行うスタイルだったため、メジャー・デビュー時点ですでに200曲以上をストックしていたというから驚かされる。その中から選りすぐられた楽曲を中心に、19曲がこのアルバムに収録されている。

冒頭のデビュー・シングルとして発表されていた「cream soda」を聴けばわかる通り、とにかく勢いで作ったという印象の楽曲が多い。UKのギター・ロックにも通じる粗削りのギター・サウンドと、疾走感はあるがどこかもっさりとしたリズム・セクション、そしてバンド・サウンドに埋もれるような斜に構えたナカコーのヴォーカルといい、明らかに新時代のロックを予感させてくれた。

ヘヴィなギター・サウンドの「smart」、フルカワミキのリード・ヴォーカルとアコースティック・ギターをフィーチャーした「DRIVE」、ツイン・ヴォーカルのポップ・ロック・チューン「Lucky」、パンクなビートでテンションを挙げる「My Way」、スペイシーなサウンドの「Trash & Lemmon」と、全体のトーンは一定でありながらも、様々な実験を試しているのがよくわかる。

19曲も収録されたボリュームのある本作のラストは、13分弱にわたって繰り広げられる「TRIP SKY」。ヘヴィでサイケなサウンドは突如ぶつ切りにされて強烈な印象を残す。この素っ気なさも彼ららしい。

SUPERCARはその後、あれよあれよという間にテクノやエレクトロニカの要素を取り入れながら大胆に進化していくのだが、そういった変化の萌芽がすでに見えている作品といってもいい。ラフな中に若さや青臭さが充満する本作には、飛躍的に成長していくミュージシャンの一瞬のきらめきが真空パックのように閉じ込められているのである。

Every Little Thing

エヴリ・リトル・シング

Time to Destination

1998年4月15日発売
avex trax

01. For the moment
02. 今でも…あなたが好きだから
03. Face the change《Album Mix》
04. Old Dreams《Instrumental》
05. モノクローム
06. All along
07. Hometown
08. 出逢った頃のように
09. Shapes Of Love
10. True colors
11. Time goes by《Orchestra Version》

本作は約400万枚のセールスを記録し、プロデューサー五十嵐充は小室哲哉をも凌駕した

エイベックス黄金時代を形作ったのは小室哲哉が手掛けたアーティストやヒット曲であることは間違いないが、違うクリエイターからの視点でエイベックスらしさを生み出したのは、浜崎あゆみとEvery Little Thingだといえるだろう。TKサウンドを意識したダンス・ポップと、ZARDにも通じるポップ・ロック・サウンドを融合したELTは、時代のニーズに合わせて登場したユニットだ。アイドルとして活動した経験を持つ持田香織を売り出すために、音楽プロデューサーの五十嵐充が引き合わされ、そこにギタリストの伊藤一朗がジョインする形で結成されたELTは、1996年にシングル「Feel My Heart」でデビュー。翌年には「Dear My Friend」がヒットし、ファースト・アルバム『everlasting』で早くもミリオン・ヒットを記録する。

本作は怒濤の勢いに乗って発表された2作目のオリジナル・アルバムである。驚くべきことに収録曲11曲のうち5曲が先行シングル。しかもすべてが大ヒットを記録している。オリジナル・アルバムでありながら、まるでベスト・アルバムのような作品だ。ダンサブルなビートの上にディストーションが効いたギターが鳴り、ポップなメロディが歌われる「**For the moment**」は、彼らの特性をよく表した一曲だろう。よりロック色が濃厚で高揚感に満ちたサビを持つ「**出逢った頃のように**」、ギターとシンセサイザーが絡み合うイントロからインパクトのあるドラマ主題歌「**Shapes Of Love**」、ユーロビート風のアッパーなリズムの「**Face the change**」、そしてオーケストラを導入し壮大なイメージを打ち出したミディアム・バラード「**Time goes by**」と、売れて当然と思えるシングル・ヒット・ナンバーが並んでいる。

シングル曲以外でも、少し哀愁を感じさせるポップ・ナンバーの「**今でも…あなたが好きだから**」、エレクトロ・テイストで押し切る「**モノクローム**」、持田香織が歌詞を書いたセンチメンタルな「**All along**」と、いずれもシングル・カットしてもおかしくないほどキャッチーな楽曲が選ばれている。ほぼ全曲の詞曲とアレンジは五十嵐充が手掛けており、彼の非凡な才能が詰め込まれた作品といってもいい。もちろん、持田香織のストレートに聴かせるヴォーカルのセンスとの相性が良かったということもある。彼女のクールなキャラクターが女性の共感を得たことも成功の要因といえるだろう。

結果的に、本作は400万枚近いセールスを記録した恐るべきヒット作となり、五十嵐充は小室哲哉を凌駕するプロデューサーとして実績を残すことになった。そして、持田香織も若い女性たちの憧れとしてカリスマ的な人気となり、90年代後半から2000年代へと突入してからもトップ・アーティストとして突き進んでいくのである。

Cocco

コッコ

クムイウタ

1998年5月13日発売
SPEEDSTAR

01. 小さな雨の日のクワァームイ
02. 濡れた揺籃
03. 強く儚い者たち
04. あなたへの月
05. Rose letter
06. My Dear Pig
07. うたかた。
08. 裸体
09. 夢路
10. SATIE
11. Raining
12. ウナイ

Coccoのアーティスティックでエキセントリックな佇まいは、いわば天性の持ち味である

沖縄といえば癒し系。そういった固定観念をがらりと変えたのは、Coccoの登場があったからではないだろうか。もちろん、南の島ならではの穏やかな空気感を取り入れることもあるが、彼女はもっと切実でヒリヒリとした肌感覚を聴く者に与えてくれる稀有な存在である。そして、沖縄だからということとは関係なく、非常に個性的なシンガー・ソングライターといっていいだろう。

もともとはバレリーナになりたかったというCoccoは、チャンスがつかめるかもしれないと思ってヴォーカル・オーディションを受ける。結果は不合格だったが、その時にレコード会社のスタッフに見初められ、デビューのきっかけにつながった。自発的に歌ったこともなければ、作詞や作曲なども一切経験がなかったのに、クリエイティヴィティを持った本質がにじみ出ていたのだろう。当初から詞曲を作るようになったが、楽器もできず譜面も書けないため、絵で曲のイメージを描いたりしながら曲作りをし、音楽活動を行っていった。

本作はメジャー・デビュー・アルバムの『ブーゲンビリア』（1997年）に続くセカンド・アルバム。CMソングに使われた先行シングル「**強く儚い者たち**」が話題を呼び、その勢いでアルバムも大ヒットを記録、ミリオンに迫るセールスとなった。代表曲となった「**強く儚い者たち**」において、様々な意味に捉えられる比喩表現を孕む歌詞と、まっすぐに歌いきるヴォーカルの力強さは、まさにCoccoの個性と魅力が凝縮されていると言っていい。どこか寓話的な世界観の中で、〝あなたのお姫様は誰かと腰を振ってるわ〟なんて歌えるのは彼女しかいないだろう。

Coccoが作る独特の歌の世界をサポートしたのは、ベーシストの根岸孝旨を中心としたオルタナティヴ・テイストのバンド・サウンドだ。「**濡れた揺籃**」や「**あなたへの月**」、「**裸体**」といった楽曲におけるヘヴィなアレンジは、エモーショナルな歌声を引き立てており、聴く者の感情を大きく揺さぶる。しかし、ハードなギターが鳴り響いていても、あくまでも主役は歌であることは変わりない。まるで自らの血肉を切り刻むようにして生み出した楽曲群を歌う姿に、強烈な印象が残るだろう。アーティスティックでエキセントリックな佇まいは、作られたものではなく、彼女の天性の持ち味なのだ。

とはいえ、少しコミカルな味わいを残す「**My Dear Pig**」や、ストリングスを取り入れたクラシカルなアレンジでドリーミーな雰囲気を醸し出す「**うたかた。**」、ラストを飾る壮大なスケールの「**ウナイ**」といった変化球的な楽曲も違和感なく並んでいるところに、Coccoという不思議な歌い手の懐の深さが垣間見られる。そして、その根底には女性特有の母性のような包容力が感じられるのである。

MISIA

ミーシャ

Mother Father Brother Sister

1998年6月24日発売
BMGジャパン

01. Never gonna cry! strings overture
02. K.I.T
03. 恋する季節
04. I'm over here ～気づいて～
05. Interlude #1
06. Tell me
07. キスして抱きしめて
08. Cry
09. Interlude #2
10. 小さな恋
11. 陽のあたる場所
12. 星の降る丘
13. つつみ込むように… (DAVE "EQ3" DUB MIX)
14. Never gonna cry!

コアなリスナー向けのジャンルだったR&Bをメジャー化し、その後のムーヴメントを牽引する存在となった

クラブ・ミュージックの流れからR&Bのムーヴメントが盛り上がりつつあったのが90年代半ばだとしたら、そのブームの決定打となったのがMISIAの登場だ。高校生の頃から歌手になることを夢見てオーディションなどを受けていたが、福岡から上京してチャンスをつかみ、1998年に入るとすぐにシングル**「つつみ込むように…」**でデビューした。しかも、CDに先行してアナログ12インチ・シングルを発売して5000枚が即完売。CDシングルも8cmと12cmの2ヴァージョンをリリースし、合わせて60万枚以上のセールスを記録した。とにかく、楽曲の良さやヴォーカルのパワーで音楽的に評価されただけでなく、それまでコアなリスナー向けのジャンルだったR&Bをメジャー化し、ムーヴメントを牽引することになったのである。

本作は大ヒットしたデビュー曲**「つつみ込むように…」**、セカンド・シングル**「陽のあたる場所」**に続き、

満を持して発表した彼女のファースト・アルバムである。デビュー時の戦略の印象からディープなR&Bかと思うだろうが、実はかなりポップで音楽レンジが広い。ファンキーでエモーショナルな「**K.I.T**」や、ミディアム・テンポのトラックがクールな「**Tell me**」、「**つつみ込むように…**」路線をさらに発展させた「**Cry**」などは確かにブラック・ミュージックの影響が濃厚だ。しかしその一方で、多少グルーヴィーではあるがポップなメロディの「**恋する季節**」にはアンダーグラウンドな雰囲気は微塵もないし、少し憂いのあるディープなヒップホップ・ソウル「**I'm over here ～気づいて～**」も、メロディ自体には歌謡性を感じとれる。

さらに言えば、アコースティックなアレンジでまとめた「**キスして抱きしめて**」や、ピアノを主体にしたアレンジの壮大なバラード「**星の降る丘**」のような楽曲が並列されているところも注目すべきだろう。こういった楽曲が、2000年の大ヒット・ナンバー「Everything」につながると思えば、やはり当初よりクラブ・シーンにとどめておくだけでなく、もっと幅広いフィールドで活躍するスタンダードなシンガーを目指していたのがよくわかる。

そのための重要な役割を担ったのは、主に作曲を手掛けた島野聡だ。彼はLove Lights Fieldsというポップなサウンドが売りのグループでデビューしていたが、MISIAを手掛けることでソングライターとして大きく花開いた。「**つつみ込むように…**」を含めた収録曲14曲中11曲に彼の名がクレジットされていることを思うと、いかにMISIAのデビューに重要だったのかがわかるし、彼が持っていたポップ・センスがフィットしたのだろう。

R&Bやヒップホップだけでなく、ハウスからJ－POPまで自由自在に行き来できる歌姫は、いつしかジャンルでくくられるシンガーではなくなっていく。その萌芽は、デビュー時にはすでに完成されていたのだ。

モーニング娘。

モーニングムスメ

ファーストタイム

1998年7月8日発売
zetima

01. Good Morning
02. サマーナイトタウン
03. どうにかして土曜日
04. モーニングコーヒー
05. 夢の中
06. 愛の種
07. ワガママ
08. 未来の扉
09. ウソつきあんた
10. さみしい日

モーニング娘。はあくまでもパフォーマーとしての実力を前提にしたエリート集団でもあった

大人数で歌って踊るアイドル・グループなんて今でこそ珍しくもないが、現在の主流を作った先駆者と言えば間違いなくモーニング娘。だ。もちろん、80年代にはおニャン子クラブという存在はあったが、おニャン子が可愛さやキャラクター先行の典型的なアイドルだとしたら、モーニング娘。はあくまでもパフォーマーとしての実力を前提にしたエリート集団でもあった。

1997年に始まったテレビ東京系のバラエティ番組『ASAYAN』で行われたオーディション企画は、当初こそシャ乱Qが主催する女性ロック・ヴォーカリストの選考がメインだったが、ここで見出された5名、福田明日香、中澤裕子、飯田圭織、石黒彩、安倍なつみがグループを結成する流れとなって生まれた。彼女たちは最初にインディーズでシングル「**愛の種**」をリリースし、5日間で5万枚売り切るという課題を与えられ、無事にクリアして翌1998年に正式にデビューを果たすのである。こういった彼女たちの歌唱力をしっかりと堪能できるのが、ファースト・アルバムとなった本作である。ここには前述の5名に加え、第2期のオーディションで合格した保田圭、矢口真里、市井紗耶香という3名が合流し8名のグループとして制作が行われている。

アルバムのトータル・プロデュースはシャ乱Qのつんくで、ほぼ全曲の作詞作曲を手掛けている。アーティストとしては売れっ子だったが、プロデューサーとしてはまだ駆け出しといってもいい時期だ。しかし、ここで聴けるのは本気モードのつんくによるサウンド・プロダクション。そして、それに見事に応えた8名のメンバーのドキュメントが刻まれている。COSA NOSTRAの桜井鉄太郎をアレンジャーに迎えたオールディーズ風のメジャー・デビュー・シングル「**モーニングコーヒー**」で、すでに個々の歌い手としての魅力を引き出している。さらにセカンド・シングルとなった「**サマーナイトタウン**」は、大胆でダンサブルなビートを取り入れ、ラップ風の掛け合いから一気にマイナー調のサビへと展開していく。おそらくTLCやSWVといった米国のR&Bのトレンドを少なからず意識していたのだろうが、それとは距離を保ったままドメスティックな魅力をふんだんに取り入れ、ダンス歌謡として完成度の高い楽曲を作り上げた。

ただ、この時点ではまだ楽曲の方向性に試行錯誤が感じられる。グルーヴィーで渋谷系の流れを感じるメロディアスな「**Good Morning**」、70年代ディスコへのオマージュのような「**どうにかして土曜日**」、ヒップホップを取り入れた「**未来の扉**」、そして切ないバラードの名曲「**さみしい日**」までありとあらゆるタイプの楽曲が並ぶ。歌い手としてはなかなかハードルが高いはずだが、つんくのプロデュース力によって見事な作品に昇華したのである。

ゆず

ユズ

ゆず一家

1998年7月23日発売
SENHA & CO.

01. 四時五分
02. 少年
03. 以上
04. 夏色
05. 手紙
06. 心の音
07. 雨と泪
08. 巨女
09. ソウロウ
10. 月曜日の週末
11. 街灯
12. ねこじゃらし
13. 贈る詩
14. 境界線

ストリートの雰囲気を壊すことなくパッケージしたファースト・フル・アルバム

ストリート・ミュージシャンの時代というと、80年代終わりのバンド・ブームに盛り上がった原宿のホコ天、さらに遡れば1970年前後の新宿フォークゲリラなどが先駆けといえる。しかし、90年代後半になると再び全国各地でアコースティック系の路上ライヴが盛んになっていき、ひとつのムーヴメントとなった。そんなストリート・ライヴからは何組ものアーティストがデビューのきっかけをつかんだが、その頂点はなんといってもゆずだろう。ゆずは、小学校時代からの幼なじみで、もともと一緒にバンドを組んでいた北川悠仁と岩沢厚治によるアコースティック・デュオ。1996年に結成し、横浜の伊勢佐木町での路上ライヴで爆発的な人気を呼んだ。最盛期は数千人が集まったということからも、その圧倒的な存在感が伝わる。

1998年の2月にミニ・アルバム『ゆずマン』でメジャー・デビューを果たし、その年の6月にファースト・シングル「**夏色**」を発表。そのヒットを受けてリリースしたのがファースト・フル・アルバムとなる本作である。基本的には二人のヴォーカルとアコースティック・ギターによる演奏を軸にして、ストリートの雰囲気を壊すことなくパッケージしたという印象だ。シンプルながらファルセットでインパクトを残す「**以上**」や、思わずほっこりしてしまう青春フォーク「**手紙**」、切なくエモーショナルな「**雨と泪**」などを聴いていると、ストリート・ライヴの風景がまぶたに浮かんでくる。

もちろん、シングル・ヒットした「**少年**」や「**夏色**」、往年のフォーク・ソングを思い起こさせる「**ソウロウ**」や「**贈る詩**」のようなバンド・サウンドで盛り上げる楽曲もいくつかあるが、あくまでも主役は歌とギター。緩急をしっかりと区別しながらも、オーヴァー・プロデュースにならないように丁寧なアレンジが施されている。そのプロデュースとアレンジには、元JUN SKY WALKER(S)の寺岡呼人が関わっており、彼のバランスのいい的確なサポートは特筆すべきだ。そして、彼らのコラボレーションは、その後10年以上も続くのである。

それにしても、ゆずが作る楽曲の屈託のない爽快感は今聴いても新鮮だ。当時の音楽シーンは、シンセサイザーやプログラミングといったデジタルを駆使したゴージャスで硬質なサウンドが当たり前だっただけに、その反動とも言えそうな彼らの素のままの歌が心に響いたことは当然の結果だったのだろう。彼らがブレイクしたことで、ストリートでは多数の〝ゆずフォロワー〟が生まれ、アコギ・ブームにまでつながっていった。そう考えると、どこか青臭く、いつまでも青春を引きずっているようなゆずの歌が多くの人々に支持されたことは、90年代末から2000年代にかけての音楽転換期における象徴的な出来事だったのかもしれない。

the brilliant green

ザ・ブリリアントグリーン

the brilliant green

1998年9月19日発売
Sony Records

01. I'm In Heaven
02. 冷たい花
03. You & I
04. Always And Always
05. Stand by
06. MAGIC PLACE
07. "I"
08. Baby London Star
09. There will be love there ―愛のある場所―
10. Rock'n Roll

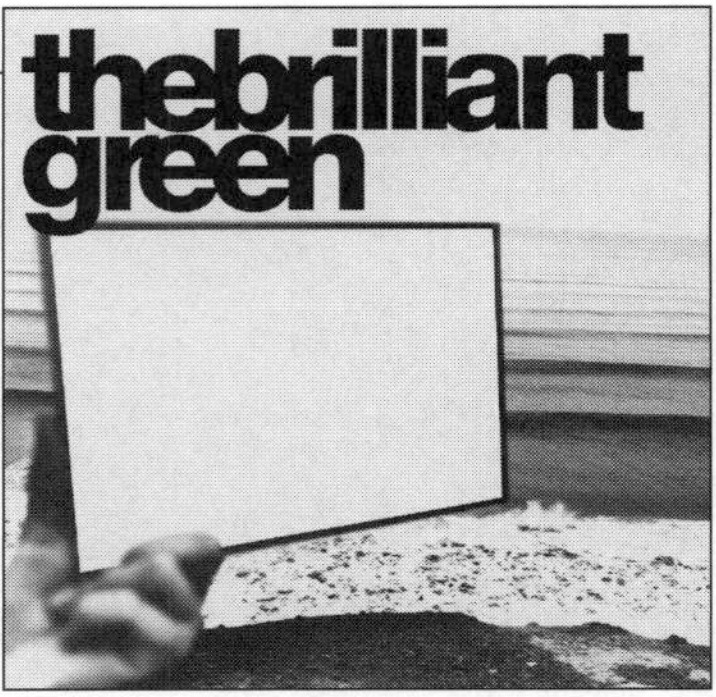

英語詞でもかっこいい日本のJ-POPという ポジションを作り上げた

オアシス、ブラー、パルプ、スウェード、クーラ・シェイカー、etc。挙げればまだまだきりがないが、いわゆるブリット・ポップと呼ばれた英国のバンドは、日本の音楽シーンにも多大な影響を与えた。例えば、下北沢あたりのライヴハウスに行けば、UKロックのサウンドを取り入れたバンドに遭遇する確率が異様に高く、それがまた当時のインディーズ界隈のデフォルトでもあった。そういったシーンのざわめきの中、一気に突き抜けるように登場したのがブリグリことthe brilliant greenである。

面白いことに、彼らはライヴで叩き上げてきたわけではなく、厳密にいうといわゆるバンド形式ですらない。ベースの奥田俊作とギターの松井亮が、洋楽曲を歌っている川瀬智子を見かけてスカウト。宅録したデモテープが認められて、1997年にメジャー・デビューを果たす。ただ、当初は洋楽志向を貫き通していたためすべて英語詞で歌っていたが、TBS系ドラマ

『ラブ・アゲイン』の主題歌という大きなタイアップの話が舞い込み、仕方なく日本語詞を付けた3作目の「**There will be love there - 愛のある場所 -**」を1998年に発表。この曲が大ヒットしたことによってすかさず制作されたのが、記念すべきファースト・アルバムの本作である。

もちろん、目玉は「**There will be love there －愛のある場所－**」と「**冷たい花**」という2曲のシングル・ヒット。オアシスの「ドント・ルック・バック・イン・アンガー」に通じるミディアム・ポップの前者と、どこかヨーロピアンでアンニュイな雰囲気を醸し出す後者は、いずれも彼らの個性を表した傑作だ。リズム・セクションのテンポ感やギターの質感なども含め、日本語詞が聞こえてくるとはいえUKテイストが濃厚に感じられる。

さらには、アルバムの多くの楽曲には英語詞が付けられている。もっともバンドっぽいドライブ感のある「**I'm In Heaven**」、ビートルズの系譜ともいえそうなポップ・ナンバーの「**You & I**」、少し60年代風味を感じさせるレトロなギター・ロック「**Baby London Star**」、アコースティック・ギターをバックにしたシンプルな「**Rock'n Roll**」などは、いずれもマンチェスターやグラスゴーのバンドだといわれても信じてしまいそうな雰囲気だ。「**MAGIC PLACE**」や「**"I"**」など日本語詞の曲は他にもあるが、やはり英語曲の方が本来のブリグリの良さが表れているように感じられる。

パンクやポスト・ロックなどのアーティストは英語で歌うことも珍しくはなかったが、J－POPのど真ん中で勝負するなら日本語じゃないと売れないというのが常識だった。しかし、ブリグリがいとも簡単にこの前例を乗り越えてヒットを連発し、英語詞でもかっこいい日本のJ－POPというポジションを作り上げたのである。

hide

ヒデ

Ja,Zoo

1998年11月21日発売
Universal Victor

01. SPREAD BEAVER
02. ROCKET DIVE
03. LEATHER FACE
04. PINK SPIDER
05. DOUBT '97 (MIXED LEMONed JELLY MIX)
06. FISH SCRATCH FEVER
07. ever free
08. BREEDING
09. HURRY GO ROUND
10. PINK CLOUD ASSEMBLY

hideにしか作り得ないカラフルでエッジーなロックンロールが満載のラスト・アルバム

1998年5月。hideが33歳という若さで急死したことは、音楽シーンだけでなく日本の社会全体に大きな衝撃を与えることになった。新しいバンドであるhide with Spread Beaverを始動し、シングル「ROCKET DIVE」が絶好調の時期だっただけに、とにかく残念な出来事だった。

人気絶頂期にこの世から姿を消してしまったhideは、高校時代にサーベルタイガーというバンドで活動。その後、YOSHIKIの誘いによりギタリストとしてXに加入する。その後の活躍ぶりはいうまでもないが、Xのヴィジュアル面は彼のディレクションによるものだったし、〝ヴィジュアル系〟という言葉そのものを生み出したという逸話も有名だ。1993年からバンドと並行してソロ活動をスタートし、着実にひとりのアーティストとしても結果を残してきた。

本作は、hideの死後に発表された3枚目のオリジナル・アルバムである。当初は13曲入りのアルバムを構想していたそうだが、制作途中に死を迎えたため10曲収録になっている。ただ、ラストの「**PINK CLOUD ASSEMBLY**」の後に長い無音と短いインターネット接続音が収められており、これは収録予定だった3曲分の時間を意味しているそうだ。ほぼ完成に近づいていたとはいえ、完全な形ではないオリジナル作品なのである。

だからといって、本作の価値が損なわれるということは一切ない。hideにしか作り得ないカラフルでエッジーなロックンロールが満載のアルバムに仕上がっている。コンピューターのキーボードを叩き、インターネット接続する音が聞こえると、インスト・ナンバーの「**SPREAD BEAVER**」の強烈なビートがつんざくように響き始める。この曲は生前に残っていた音源をバンド・メンバーが編集して作り上げたもの。そしてすかさずキャッチーなヒット・シングル「**ROCKET DIVE**」になだれ込む。ハードなインダストリアル・ロックの「**LEATHER FACE**」、徹底的に作り込まれたサウンドが圧巻のヒット・ナンバー「**PINK SPIDER**」と、前半だけでも聴きどころばかり。もちろん後半も「**ever free**」や「**HURRY GO ROUND**」といった名曲がしっかりと収められている。

hideは音楽そのものだけでなく、ヴィジュアルやファッションなどにも強いこだわりを見せるアーティストだった。ソロ第1作目の『HIDE YOUR FACE』（1994年）をリリースした際には映画『エイリアン』の造形で知られるH・R・ギーガーにアートワークを依頼したり、自身が1996年に設立したレーベル「LEMONed」で音楽だけでなくファッション・ブランドやグッズを制作し販売したりと、多角的に新たなカルチャーを生み出そうとしていたのも、彼の志向性を知る上では重要だ。その片鱗をラスト・アルバムとなった本作から感じ取っていただきたい。

1999

浜崎あゆみ

ハマサキアユミ

A Song for ××

1999年1月1日発売
avex trax

01. Prologue
02. A Song for ××
03. Hana
04. FRIEND
05. FRIEND II
06. poker face
07. Wishing
08. YOU
09. As if...
10. POWDER SNOW
11. Trust
12. Depend on you
13. SIGNAL
14. from your letter
15. For My Dear...
16. Present

人生に裏付けられた共感できるメッセージにより、浜崎あゆみはカリスマになるべくしてなった

trfを皮切りに、安室奈美恵や華原朋美といったダンス・ミュージックをベースにしたポップスを大量生産していったエイベックス・グループ。しかし、そのほとんどは稀代のヒットメーカーである小室哲哉に頼っていた。彼とレーベルとの蜜月時代に陰りが見えていた頃、そこから脱却するために仕掛けたのが浜崎あゆみであり、その目論見は見事に成功した。まるで20世紀の終焉を高らかに宣言するかの如く、彼女は新しい時代のスターとして、サクセス・ストーリーを作り出していくのである。

ただ、浜崎あゆみは突然現れたわけではない。彼女は小学生時代からモデルエージェンシーに所属し、10代前半で女優デビューも果たしている。その後もタレントやグラビアアイドルなどで地道に活動をしていたが、六本木の大型ディスコ「ヴェルファーレ」でエイベックスの松浦勝人と知り合い、一気に歌手としての道を突っ走りはじめる。そして、入念な準備を経て、

1998年4月にシングル「poker face」でシンガーとしての第一歩を踏み出した。この曲を含む5枚のシングルをリリースした後に発表したのが、ファースト・アルバムの本作である。

ここでのサウンドの要は、やはりポップかつダンサブルなトラックだ。星野靖彦、木村貴志、富樫明生、本間昭光といった気鋭のサウンド・クリエイターを抜擢。ユーロビートのエッセンスとロック・テイストを絶妙にミックスしたアレンジがメインで、ダンス・ミュージック風であっても、ライトな感覚で聴けるサウンドに徹している。シンセサイザーのきらびやかなサウンドに包まれた「Hana」、エッジーなギターが効いている「FRIEND II」、アッパーな「SIGNAL」などはその代表的な楽曲群だ。一方、ミディアムからスローなバラードも多く、少し舌足らずな歌声が切ないメロディを効果的に響かせる。デビューならではの初々しさとともに、彼女の個性がここでしっかりと確立されている。

これほどまでに浜崎あゆみが受け入れられたのは、彼女自身が全曲手掛けた歌詞の力も大きい。タイトル曲「A Song for ××」から、〝居場所がなかった 見つからなかった〟というフレーズにドキッとさせられる。他の楽曲の中にも、〝急にここから姿を消したら 一人くらい探そうとしてくれたりしますか〟や、〝誰も私を知らぬ場所へ逃げたいの〟といった言葉が綴られており、孤独感や疎外感がアルバム全体に通奏低音のように響いている。ラブソングもあるが、恋愛そのものより人と人との心の繋がりを重視しているように聞こえるのはこの時代の空気感であり、多感なティーンエイジャーに絶大な人気を誇った理由ではないだろうか。カリスマになるべくしてなったのは、彼女の人生に裏付けられた共感できるメッセージをしっかりと表現したからなのである。

椎名林檎

シイナリンゴ

無罪モラトリアム

1999年2月24日発売
EASTWORLD

01. 正しい街
02. 歌舞伎町の女王
03. 丸ノ内サディスティック
04. 幸福論(悦楽編)
05. 茜さす 帰路照らされど…
06. シドと白昼夢
07. 積木遊び
08. ここでキスして。
09. 同じ夜
10. 警告
11. モルヒネ

アマチュア時代の総集編ともいえる本作は、ファースト・アルバムにして圧倒的な才能を提示

20世紀最後のカウンター・パンチ。そう言いたくなるほど椎名林檎の登場はインパクトがあった。**「歌舞伎町の女王」**なんていう作り事なのにリアルに聴こえる強烈なナンバーを放ったかと思えば、ヒリヒリとした刹那的な名バラード**「ここでキスして。」**で多くのリスナーの共感を得た。そんな前哨戦の末、これらの楽曲を含めて彼女の圧倒的な才能を最大限に提示したのが、ファースト・アルバムとなった本作である。アルバム・タイトルの〝無罪モラトリアム〟と書かれた判決の旗に記者などが群がっている中、そこに紛れ込んだ彼女が写るジャケット写真もユニークで話題を呼んだ。

そんなセンセーショナルなデビューを果たした椎名林檎は、中学生の頃からバンド活動をスタート。高校の時にはコンテストで賞をもらうなど、当時住んでいた福岡近辺ではそれなりに実績を積み上げていった。その後、複数のレコード会社から声がかかるようになってデビューに繋がっていくのである。

本作は、そういった10代の頃に書き溜めていた楽曲を中心にレコーディングした、いわばアマチュア時代の総集編ともいえる作品集でもある。それを踏まえて聴いてみても、いかに彼女が早熟で、その頃から異端児的なシンガー・ソングライターであったことがよくわかる。

オープニングを飾るストレートながらもエモーショナルなミディアム・ロック**「正しい街」**、比喩表現を使いつつエロティックなイメージを振りまく強靱なピアノ・ロックの**「丸ノ内サディスティック」**、拡声器を通したような声でパンキッシュに歌う**「幸福論」**、ハープなどを使ったドリーミーなアレンジとシャッフル・リズムのロックンロールを組み合わせた**「シドと白昼夢」**など、インパクトの強いナンバーがずらりと並ぶ。

しかしその一方で、**「茜さす 帰路照らされど…」**や**「同じ夜」**などの彼女の繊細さが浮かび上がるような美しいメロディを持つ楽曲がさらっと並べられているバランスも見事だ。

全編のアレンジを手掛けているのが、ベーシストの亀田誠治だったのも成功の理由と言っていいだろう。海外のオルタナティヴ・ロックやインディー・ロックにも通じるざらついた音像を効果的に取り入れ、小ぎれいにまとまりがちだった当時のJ-POPのクリエイターやアレンジャーたちにも大きな影響を与えた。亀田誠治は本作をきっかけに、2000年代以降は売れっ子プロデューサーへと成長していったのも周知の通りだ。

そして、椎名林檎は彼をブレーンのひとりにしながら、『勝訴ストリップ』(2000年)や『加爾基 精液 栗ノ花』(2003年)、そして東京事変の諸作品など、次々と麗しくもエキセントリックな作品を発表し続けていくのである。

Sugar Soul
シュガー・ソウル

on

1999年2月24日発売
WEA JAPAN

01. Brand
02. Scat for mama I -interlude-
03. ナミビア
04. 青い月 -original ver.-
05. Gin&lime-original ver.-
06. Ho-oh 〜女神のうた〜
07. parkasession I ~interlude~
08. Cosmic family -original ver.-
09. Dopewire from mothership
10. Sauce-long edit-
11. Scat for mama II -interlude-
12. Back for free,do the freak
13. 女の気持ち
14. Chang
15. 悲しみの花に -album ver.-
16. parkasession II ~interlude~

本作は当時のR&Bを中心としたクラブ・シーンの、熱さと豊潤さをパッケージしたドキュメンタリーでもある

ディーヴァ・ブームなんていう言葉が生まれるくらい、R&Bを歌う、もしくは〝R&B風〟の女性シンガーが続々と登場した90年代末。このムーヴメントはMISIAが先駆けのようにいわれているが、いわゆるシーンの〝現場〟においてはSugar Soulことaicoの方が一足早い。元々は、1996年にトラックメイカーのDJ HASEBE、カワベと共に3人で結成したユニット名がSugar Soulであり、翌1997年1月にシングル「Those Days」でメジャー・デビューを果たした。このシングルにはZEEBRAのラップをフィーチャーした「今すぐ欲しい」が収められており、刺激的な歌詞が話題になってR&Bアンセムとなる。この曲がMISIAのデビュー1年前の出来事だと思えば、Sugar Soulがいかに早く、ブームの基盤を作っていったのかがわかるだろう。

本作は満を持して発表したフル・アルバムで、デビューから2年かかっている。それだけに濃密な作品であり、それまでの彼女の集大成といっていいだろう。そして当時のR&Bを中心としたクラブ・シーンの熱さと豊潤さをパッケージしたドキュメンタリーにもなっている。

もちろんメインはディープなR&Bチューンだ。UA、SILVA、PUSHIMなどこの時期のディーヴァたちを多数手掛けていた元MUTE BEATの朝本浩文がプロデュースした「**ナミビア**」と「**悲しみの花に**」のビートの重さとソウルフルな歌声は、Sugar Soulの本質を表している。また、旧知の仲間であるDJ HASEBEとaicoの二人だけで生み出した「**青い月**」、粘っこいファンク・ビートに乗せて"Bootsy の Space Bass"なんていう歌詞まで飛び出すDJ WATARAIプロデュースの「**Gin & lime**」といった前半部だけでも、いかにドープな世界を追求していたのかがよくわかる。

しかし、R&Bテイストだけで構築されているわけでなく、Charaとのコラボレートで知られる浅田祐介が関わった冒頭のポップ・ファンク・チューン「**Brand**」、レゲエ・シーンで人気を博していたRYO the SKYWALKERをフィーチャーしたラガマフィン風の「**Ho-oh 〜女神のうた〜**」、真心ブラザーズの桜井秀俊を起用してポップで親しみやすいナンバーに振り切った「**Back for free, do the freak**」と、少々テイストの違う楽曲も歌いこなしている。また、スキャットを配したジャジーなインタールードを随所に挿入している点にも注目したい。こういった変化球を巧妙に並列することで、aicoの歌唱力が突出していることが伝わってくる。さらに、彼女の本質であるR&Bナンバーが映えるのだ。

本作発表の半年後には、Dragon Ashの降谷建志をフィーチャーした「Garden」が大ヒットを記録する。まさにR&Bディーヴァ・ブームの頂点に立ったわけだが、いたって本人はマイペース。2作目である次作の『うず』(2000年)ではさらに深い世界へ突き進むのだ。

宇多田ヒカル

ウタダヒカル

First Love

1999年3月10日発売
EASTWORLD

01. Automatic -Album Edit-
02. Movin' on without you
03. In My Room
04. First Love
05. 甘いワナ ~Paint It, Black~
06. time will tell
07. Never Let Go
08. B&C -Album Version-
09. Another Chance
10. Interlude
11. Give Me A Reason
12. Automatic -Johnny Vicious Remix-
(Bonus Track)

メガヒットの時代といわれる90年代のなかでも、
ただただひれ伏すしかない傑出したデビュー・アルバム

売上で音楽を評価するのは嫌がられるかもしれないが、明らかに宇多田ヒカルは日本の音楽史のセールス面における断トツの王者である。デビュー作である本作は累計765万枚と言われており、文句なしの歴代1位。なお、2位と3位はB'zとGLAYそれぞれのベスト・アルバムだが、4位はやはり宇多田ヒカルのセカンド・アルバム『Distance』（2001年）である。90年代はメガヒットの時代だったとはいえ、彼女のデビュー作がここまで売れたことに対しては、ただただひれ伏すしかないだろう。

彼女は藤圭子とそのマネージャー兼音楽プロデューサーの宇多田照實の娘であり、10歳の頃から楽曲制作を行っていた天才肌だ。cubic U名義ですでにプロとして活動していたが、1998年12月にシングル「Automatic/time will tell」で本格的にソロ・デビューを果たすのは15歳の時。翌年にファースト・アルバムである本作がリリースされて、前述の通り大ヒットを記録するのである。MIISIAを筆頭にしたR&Bブームという時代背景もヒットの要因のひとつに数えられるだろうが、それだけではなく、彼女の歌詞、メロディ、そして声が、実にジャストな同時代性を孕んでいたからではないだろうか。

アルバムはデビュー曲「**Automatic**」から始まるのだが、文句の付けどころがない完成度の楽曲だ。独特の譜割に当てはめた言葉の面白さ、ところどころに入る英語のフレーズの響き、エモーショナルな部分とクールな部分を使い分ける歌い方、そして楽曲全体から立ち込める独特の空気感。「本当に15歳の少女が作ったのか?」と勘繰りたくなるくらい、引き込まれてしまう。これはセカンド・シングルにもなった「**Movin' on without you**」にも通じる。ハウス・ビートに乗せたアップ・テンポのナンバーだが、とりわけ聴き手の感情を揺さぶるようなサビの言葉とメロディに圧倒される。サウンド面においては、当時の最新のR&Bやヒップホップ・ソウルをリファレンスとしているが、やはり言葉の乗せ方とヴォーカルのセンスによって、軽々とオリジナルへと昇華しているのが頼もしい。ローリング・ストーンズの名曲を挿入した「**甘いワナ ~Paint It, Black~**」、ミディアム・テンポで聴かせる「**time will tell**」、コーラスワークと絶妙なテンポ感にグッとくる「**Another Chance**」、ドープなビートと切ないメロディが交錯する「**Give Me A Reason**」などどれも聴き応えは十分。西平彰、村山晋一郎、河野圭、森俊之などのアレンジャーたちの手腕も大きい。

いずれも素晴らしいとはいえ、最大の山場はバラードの「**First Love**」かもしれない。スタンダード感のある美しいメロディや、切ない感情を抑え気味にしたヴォーカルはベテランも顔負けの表現力。誰もが共感できる音楽を作り、その後も多大な影響力を与えたシンガー・ソングライターの第一歩の研ぎ澄まされた結晶が、この一曲の中に込められているのである。

くるり

クルリ

さよならストレンジャー

1999年4月21日発売
SPEEDSTAR

01. ランチ
02. 虹
03. オールドタイマー
04. さよならストレンジャー
05. ハワイ・サーティーン
06. 東京
07. トランスファー
08. 葡萄園
09. 7月の夜
10. りんご飴
11. 傘
12. ブルース

全体を通してインディー・ロック的な佇まいがありながら、しっかり地に足着いた音作りになっているデビュー・アルバム

京都は昔から独自の文化圏を持っているエリアとして知られているが、音楽に関してもやはり個性的なミュージシャンが多い。拾得や磔磔といった70年代初頭から続くライヴハウスや、京都大学西部講堂などで数々の名物イベントや名演ライヴが行われてきた。90年代以降も例外ではなく、こういった独自のシーンを牽引してきたバンドのひとつが、くるりである。立命館大学の音楽サークルに在籍していたヴォーカル&ギターの岸田繁、ベースの佐藤征史、ドラムスの森信行によるトリオ編成で活動を開始し、インディーズで実績を残した後にメジャー・デビューを果たすのである。

くるりがどういうバンドかを説明するのは、今となっては非常に難しいが、デビュー・アルバムである本作を発表した当時は、オルタナティヴ・ロック・トリオというのがわかりやすいだろうか。荒々しくも繊細で、エモーショナルなバンド・サウンドと武骨なヴォーカル。この当時は、NUMBER GIRL、eastern youth、bloodthirsty butchersといったオルタナ勢が隆盛し始めた頃。くるりもメジャー・デビューしたとはいえ、スタンスは近かったのではないだろうか。代表曲といわれることが多い**「虹」**が王道のロックだとしたら、疾走感に満ちた**「オールドタイマー」**、熱量の高さに圧倒される先行シングル**「東京」**、中盤以降に聞こえるノイズが強烈な**「ブルース」**などにはアンダーグラウンドな香りが濃厚だ。

一方で、**「ランチ」**や**「さよならストレンジャー」**、**「りんご飴」**のようなアコースティック感覚のフォークロック・テイストも彼らの特徴のひとつであり、単にハードなだけではないバンドの特性を感じられる。京都のバンドならではの感性は、こういったところに表れているといってもいい。

また、彼らは後にエレクトロニカやジャズ、クラシックにまで接近していくのだが、そういった音楽的な振り幅の広さを感じさせてくれる楽曲もいくつか収められている。ハイ・ラマズのようなラウンジ・ナンバー**「ハワイ・サーティーン」**とノイジーなポスト・ロック・チューン**「葡萄園」**は、どちらもインタールード的な小品であるが、彼らの実験精神や探求心などが感じられる。

全体を通してインディー・ロック的な佇まいがありながら、しっかり地に足の着いた音作りになっているのは、プロデューサーを務めた佐久間正英の影響が大きいのかもしれない。JUDY AND MARYやGLAYを手掛けていた彼が、くるりの個性を壊すことなく、自然体のままメジャー作品として整えたのは正解だった。

いずれにせよ、本作はあくまでも導入部でしかなく、2000年代に入るとメンバーや楽器編成も含め、想像の一歩上をいく発展を遂げていく。その萌芽が垣間見られる意欲的なアルバムである。

Hi-STANDARD

ハイ・スタンダード

MAKING THE ROAD

1999年6月30日発売
PIZZA OF DEATH RECORDS

01. TURNING BACK
02. STANDING STILL
03. TEENAGERS ARE ALL ASSHOLES
04. JUST ROCK
05. DEAR MY FRIENDS
06. STAY GOLD
07. NO HEROES
08. GLORY
09. PLEASE PLEASE PLEASE
10. GREEN ACRES
11. CHANGES
12. MAKING THE ROAD BLUES
13. TINKERBELL HATES GOATEES
14. LIFT ME UP DON'T BRING ME DOWN
15. PENTAX
16. NOTHING
17. MOSH UNDER THE RAINBOW
18. STARRY NIGHT
19. BRAND NEW SUNSET

インディーズからのブレイクという、エポック・メイキングな一作

エポック・メイキングの一作。しかも、様々な側面で評価できるのが、このハイスタことHi-STANDARDの3作目のフル・アルバムである。何が画期的だったかというと、メロディック・ハードコア（メロコア）と言われるアンダーグラウンドなシーンからミリオン・セールスを記録したこと、そしてPIZZA OF DEATHという独立したインディーズ・レーベルからのブレイクという2点に集約される。彼らのフォロワーは2000年代以降も多数生まれたし、インディーズがメジャーと比べても、何ら遜色なくビジネスを展開できるようになったのもこの頃からだ。しかも、国内だけでなく海外でもしっかりとライヴ・バンドとしての名声を確立していったことは、後続のバンドにとって大きな励みになった。そういった意味においても、ハイスタは革命的なグループだったのである。

1991年に結成したHi-STANDARDは当初4人組だったが、ほどなくしてヴォーカル&ベースの難波章浩、ギターの横山健、ドラムスの恒岡章というスリーピース・バンドとして活動を継続。1994年にミニ・アルバム『LAST OF SUNNY DAY』をリリースして以来、『GROWING UP』(1995年)、『ANGRY FIST』(1997年)とリリースするアルバムはいずれも大ヒットを記録している。1997年には彼らが主催した屋外ロックフェス「AIR JAM」がスタートし、メロコア、ポップ・パンク、ミクスチャー、エモコアなど細分化していったパンク、ラウドロック系バンドの盛り上がりを牽引していった。

本作は圧倒的な地位を確立した後の1999年に発表した作品で、PIZZA OF DEATHが完全に独立して最初のカタログだ。当然のように、当時の勢いがそのまま詰まっており、すべて英語詞のスピード感に満ちたメロディアスなパンク・ナンバーがたっぷりと収められている。なかでも代表曲「**STAY GOLD**」のポップでエモーショナルな感覚はアルバム全体に通底しており、ハイスタの代名詞といってもいいだろう。「**STANDING STILL**」や「**DEAR MY FRIENDS**」、「**STARRY NIGHT**」など、とにかくキャッチーでライヴでの盛り上がりが想像できる楽曲ばかりだ。

一方でハードコアな「**JUST ROCK**」や「**MAKING THE ROAD BLUES**」、フルートが入ったラウンジ・テイストの異色曲「**TINKERBELL HATES GOATEES**」、SCAFULL KINGのホーン・セクションをフィーチャーした「**PENTAX**」、ドゥ・ワップのコーラスが聞こえるオールディーズ風の「**MOSH UNDER THE RAINBOW**」、そしてブラック・サバスのカヴァー「**CHANGES**」まであり、懐の深さもしっかりと提示している。

ただ本作を発表しておよそ1年後、90年代の疾走をぷっつりと断ち切るかのように活動休止に入る。復活するまで十数年待たなければいけなくなるが、まるで90年代を総括するかのような本作は、ラウドロック・ファンにとって無視できないアンセムだ。

L'Arc~en~Ciel

ラルク・アン・シエル

ray

1999年7月1日発売
Ki/oon Records

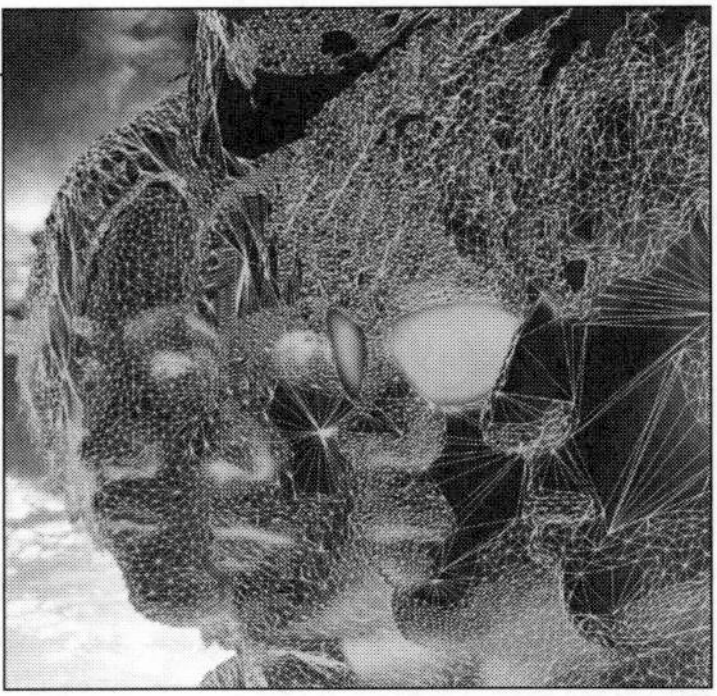

01. 死の灰
02. It's the end
03. HONEY
04. Sell my Soul
05. snow drop (ray mix)
06. L'heure
07. 花葬
08. 浸食 ~lose control~
09. trick
10. いばらの涙
11. the silver shining

ひとつのジャンルでは括り切れないロック・サウンドを構築し、その質量ともに大きなピークを迎えた一作

ヴィジュアル系バンドの系譜は90年代の音楽シーンの大きな潮流のひとつだが、どんどん細分化されていった。その中でも突出した音楽性とポピュラリティをもって迎えられたのが1991年に結成されたL'Arc~en~Cielだ。メンバーは、ヴォーカルのhyde、ギターのken、ベースのtetsuya、ドラムスのyukihiroという4人。彼ら自身はヴィジュアル系と呼ばれることを嫌っていたが、十把一絡げにカテゴライズできない地平に行き着いていたのも確かだ。ニューウェイヴ、ハードロック、パンク、エレクトロニカなど様々な志向性を持つメンバーだけに、ひとつのジャンルでは括り切れないロック・サウンドを構築していった。そして、その質量ともに大きなピークを迎えたのが、1999年に発表した本作である。

このアルバムは、実はもうひとつのフル・アルバム『ark』と同時に発表されている。この時、既存のシングル曲を含めて22曲を準備し、2枚のアルバムに振り分けるというやり方で制作したが、特に決まったコンセプトを設けたわけではなく、逆にイメージが偏ることのないようにバランスよく並べられている。『ark』と『ray』はいわば双子のような存在で、いずれのアルバムからもバンドが持っていた濃度の高さが伝わってくるだろう。

本作には4曲のシングル・ヒットが収められている。シンプルなバンド編成で疾走する「**HONEY**」、ダークで耽美的な雰囲気の「**花葬**」、幻想的ながら変拍子を駆使したアグレッシヴな「**浸食 ~lose control~**」、軽快なリズムと爽快なメロディを持つ「**snow drop**」と、これらの楽曲を並べただけでも音楽性の幅はかなり広い。逆にいうと、ここまで振り幅の大きなシングル・リリースをしていても、いずれもがラルクらしさを損なっていないことに驚かされる。

ハードなロック・チューンの「**死の灰**」、ピアノから始まり奇妙なメロディに誘われる「**Sell my Soul**」、アンビエントなシンセサイザーが印象的なラスト・ナンバー「**the silver shining**」と、他の収録曲もひとつとして同じタイプの楽曲がない。なかでも、トリップホップ風のループするビートにフランス語のナレーションが入る異色作「**L'heure**」や、ラルク流のニューウェイヴやポスト・パンクといった趣の「**trick**」がユニークで、いずれもyukihiroの作品である。彼は1998年に正式に加入したばかりということもあり、その個性をバンドに還元したこともあって、本作のキーパーソンと言える。

いずれにせよ、バラエティに富んだ『ark』と『ray』の2枚同時リリースによって、ラルクは最高のセールスを上げ、その後に行われたツアーでも最大級の動員を記録する。そしてバンドにとってだけでなく、日本のロック・シーンの頂点に君臨したといえるのが、この時期のL'Arc~en~Cielなのだ。

RHYMESTER

ライムスター

リスペクト

1999年7月20日発売
NEXT LEVEL RECORDINGS

01. R.E.S.P.E.C.T
02. キング・オブ・ステージ
03.「B」の定義　featuring CRAZY-A
04. B-BOYイズム
05. 麦の海
06. Hey, DJ JIN
07. マイクの刺客　－DJ JIN劇画REMIX－
08. 野性の証明
09. ブラザーズ
featuring KOHEI from MELLOW YELLOW
10. ビッグ・ウェンズデー
featuring MAKI THE MAGIC
11. 隣の芝生にホール・イン・ワン
featuring BOY-KEN
12. 敗者復活戦
13. 耳ヲ貸スベキ
14. リスペクト
featuring RAPPAGARIYA

インディーズ時代の代表作とされる本作は、自身が辿ってきた90年代にとどめを刺す金字塔

渋谷系からR&Bディーヴァ・ブームへと、移り変わる時代のサブカルチャーとつかず離れずシーンを盛り上げてきた日本のヒップホップ。1996年に行われた野外フェス「さんピンCAMP」がひとつのピークだとしたら、90年代末はメインストリームへ向かう発展期といえるだろう。RHYMESTERのインディーズ時代の代表作とされる本作は、そんな90年代にとどめを刺す金字塔といっていいかもしれない。

RHYMESTER自体は、歴史のあるヒップホップ・グループである。多数のラッパーたちを輩出したことで知られる早稲田大学のサークル「ソウルミュージック研究会ギャラクシー」に在籍していた歌丸（後の宇多丸）が、新入生として入部してきたMummy-Dと1989年に組んだのがRHYMESTERの始まりだ。後に同じサークルに入ったDJ JINが途中加入して現メンバーとなり、2MC&1DJスタイルのグループとして活動する。1993年にはアルバム『俺に言わせりゃ』を発表。MELLOW YELLOWやEAST ENDとともに「FUNKY GRAMMAR UNIT」というヒップホップ・コミュニティを結成し、ヒップホップの発展に貢献した。

まるでベスト・アルバムのように代表曲が収められている1999年発表の本作だが、その中から敢えて一曲選ぶならなんといっても「**B-BOYイズム**」だろう。ジミー・キャスター・バンチをサンプリングした軽快なホーンのリフが高らかに鳴り響き、野太いグルーヴのバックトラックへとなだれ込んでいく。ライムはB-BOYであることを高らかに宣言し、ヒップホップ・シーンの隆盛を予感させるような内容に仕上がっている。韻を踏んだキャッチーなサビと、気骨に満ちたソロ・パートとの対比も見事だ。

自分たちを誇示するようなアティテュードはヒップホップの定番だが、ここでも「**キング・オブ・ステージ**」や「**マイクの刺客 – DJ ZIN劇画REMIX –**」、「**ビッグ・ウェンズデー**」などにも表れており、当時のシーンにおけるRHYMESTERの鼻息の荒さがひしひしと伝わってくる。この鋭角的な姿勢はアルバム全体に一貫しており、社会批評的なメッセージが込められた「**野性の証明**」や「**敗者復活戦**」などにも感じられ、20世紀末の不穏で落ち着かない世相を見事に切り取った「**耳ヲ貸スベキ**」の冷ややかな感覚も印象的だ。

ただ、こういった強烈なメッセージをクールでグルーヴィーに包みこんだバックトラックも特筆しておきたい。ファンクやジャズといったいわゆるレアグルーヴ感覚を基調にした彼らのサウンドは、程よく攻撃性を中和するだけでなく、アンダーグラウンドにとどまらないという意思にも感じられる。乱暴にいうと、オシャレですらあるのだ。

RHYMESTERは2001年にメジャー・デビューを果たし、狭いコミュニティに閉じこもらない活躍ぶりを見せている。本作は、その活動の原点ともいえる傑作である。

Dragon Ash
ドラゴンアッシュ

Viva La Revolution
1999年7月23日発売
HAPPY HOUSE

01. Intro
02. Communication
03. Rock the beat
04. Humanity (album version)
05. Attention
06. Let yourself go, Let myself go
07. Dark cherries
08. Drugs can't kill teens
09. Just I'll say
10. Fool around
11. Freedom of Expression
12. Nouvelle Vague #2
13. Viva la revolution
14. Grateful Days
15. Outro

ミクスチャー・ロックをメジャーでしっかりと定着させた第一人者による、多様なスタイルを詰め込んだ5作目アルバム

90年代はパンク、ハードコア、グランジ、ヒップホップなど様々な音楽が一斉に花開いた時代であった。そして、そういった音楽を組み合わせ、新たにミクスチャー・ロックといわれる複合的な音楽性を持つアーティストも多数生まれた。海外ではレッド・ホット・チリ・ペッパーズやレイジ・アゲインスト・ザ・マシーンなどがブレイクし、日本でもTHE MAD CAPSULE MARKETSなどがその先駆けとして知られているが、メジャーでしっかりと定着させた第一人者がDragon Ashである。

Dragon Ashは、当時まだ17歳だったKjこと降谷建志と、彼の同級生だったドラマーの櫻井誠、そしてインディーズ界隈でキャリアを積んできたベーシストの馬場育三によって1996年に結成されている。ハードコアをベースにした3ピース・バンドだった彼らは、翌1997年にメジャー・デビュー。徐々にヒップホップを取り入れたミクスチャー・スタイルに進化していき、サポート・メンバーだったDJのBOTSが正式メンバーとしてジョイン。1999年には本格的なヒップホップ・ナンバーの「**Let yourself go, Let myself go**」と、ZeebraとACOをフィーチャーした「**Grateful Days**」が大ヒットし、5作目となる本作を発表する。

賑々しいオーケストラによるイントロダクションから、ビースティ・ボーイズを彷彿とさせる「**Communication**」で強靭なラップを聴かせるところから、彼らの新たなスタンスが感じられるだろう。それまでもヒップホップ色の強いナンバーはあったが、ここまで吹っ切れている楽曲は本作からだ。そのアティテュードは、ソリッドな「**Humanity**」やファンク・テイストの「**Attention**」などにも感じられ、降谷建志のラップのスキルがここでの根幹となっていることがよくわかる。

とはいえ、彼らはミクスチャー・ロック・バンドであり、様々なスタイルを詰め込んでいる。ダブやレゲエに肉薄した英語曲の「**Dark cherries**」、スカを取り入れたメロコア調の「**Drugs can't kill teens**」、オーソドックスなパンク・スタイルを継承した「**Fool around**」などは、デビュー当時からの彼らのイメージとそれほど変わりはない。ただ、ラウンジ・ミュージック風のインスト「**Nouvelle Vague #2**」など遊び心が感じられるのも余裕が出てきた証拠だろう。そして、彼らのポップ・サイドともいうべきアルバム・タイトル曲「**Viva la revolution**」で、本作はクライマックスを迎えるのである。

Dragon Ashはセールス的にも成功したため、テレビや雑誌などのメディアにも多数登場し、ミクスチャー・バンドのスターとなった。本作発表後、共演したZeebraにディスられることもあったが、アンダーグラウンドだったストリート・カルチャーをメインストリームに引っ張り上げる役割を果たしたという意味においても、彼らの存在は非常に重要なのだ。

clammbon

クラムボン

JP

1999年10月6日発売
WEA JAPAN

01. はなれ ばなれ
02. いたくない いたくない
03. タイムリミット (streeya ♪ mix)
04. パンと蜜をめしあがれ (JP version)
05. ORENZI
06. 波は
07. 風邪をひいたひょうしに
08. トレモロ
09. 雲ゆき
10. Our Songs (MUSIC FAIR mix)
11. GLAMMBON

clammbonはまさにミレニアムへの架け橋という重要な立ち位置にいたバンド

〝渋谷系〟のアーティストたちが続々と世に現れたのが90年代前半だとしたら、〝渋谷系〟的価値観を大衆化していったのが90年代後半である。ただ、90年代末には、さらに〝アフター渋谷系〟とでもいうべき変化球的なユニークなアーティストが続々と生まれてきた。ソフトロックやスティーリー・ダンを上手く咀嚼したキリンジはその筆頭であり、ネオアコとソウル、ファンクをミックスしたノーナ・リーヴスもその流れに追随する。そして、彼らとレーベルメイトだったのが、異色のスリーピース・バンド、クラムボンである。

ヴォーカルとピアノ、作詞を手掛ける原田郁子、メインのソングライターであるベースのミト、ドラムスの伊藤大助の3人は、音楽専門学校のジャズ科のクラスメイトであり、結成後もクラブを拠点にライヴ活動を行っていたというのも90年代っぽい。実際、彼らがデビューのきっかけをつかむのは恵比寿にあった「み

る く」というクラブのイベントだったという。1998年にはインディーズ盤の『くじらむぼん』を発表し、さらにステップアップした印象のメジャー・デビュー・シングル「**はなればなれ**」を含む本作によって、その存在感は圧倒的なものとなった。

「**はなればなれ**」は彼らのユニークな音楽性を象徴した一曲だ。跳ねたリズムに乗せて、軽快なピアノが鳴り響き、ポップでメロディアスながらもどこか緊張感のあるヴォーカルが縦横無尽に楽器の合間をすり抜けるように歌っていく。ジャズやプログレにも通じるテクニカルな演奏はかなりのインパクトがあり、原田郁子の少し鼻にかかったハイトーン・ヴォイスとの融合は矢野顕子を彷彿とさせる。ただ、演奏力の凄さのわりにはさほど難解さは感じられず、当時はJ－POPとして違和感なく成立するものだった。

この絶妙なバランス感覚は、アルバム全体に行き届いている。グルーヴィーなビートから怒濤のリズムチェンジとブレイクで高揚感を生み出す「**パンと蜜をめしあがれ**」、マンドリンとパーカッションまで駆使してどこかアイリッシュ風味を醸し出す雄大な「**波は**」、ブレイクビーツのようなストイックさとバンド感が絶妙に交差する「**トレモロ**」など、単にテクニックやバンドの手癖で押し切るだけでなく、そこかしこに工夫が施されている。服部隆之によるストリングスを配した、まさに〝渋谷系〟っぽい「**Our Songs**（**MUSIC FAIR mix**）」には、90年代を総括するかのような清々しささえ感じられるのだ。

彼らはその後も安定した活動を続け、個々のメンバーはソロや様々なセッションにも参加。特にミトがアニメの主題歌やサントラで引っ張りだこになっているのも特筆すべき点だろう。彼らはまさに、ミレニアムへの架け橋という重要な立ち位置にいたバンドだったのである。

Column 3

”オルタナティヴとフェス黎明期“

売れ線アーティストやミリオン・ヒットだけが90年代の特徴ではない。80年代だったらインディーズやアンダーグラウンドの狭い世界でのみ聴かれていた音楽が、続々とメジャー・シーンにも斬り込んできた。

その代表的なものが、〝渋谷系〟と呼ばれたアーティストたちだ。ピチカート・ファイヴやフリッパーズ・ギターなどは80年代から活動していたが、90年代に入るとUKのブリット・ポップやUSのハウス・ミュージックといった最先端サウンドと、ソウル、ソフトロック、フレンチポップ、映画音楽などのレトロなテイストをミックスすることで新しい潮流を生み出した。高感度な音楽ファンに向けてHMV渋谷などの外資系CDショップで大々的に展開したことにより、こういったショップではミリオン・ヒット勢よりも売れ行きがいいという現象まで起きている。オリジナル・ラヴ、カヒミ・カリィ、ブリッジ、LOVE TAMBOURINES、Spiral Life、COSA NOSTRAなどそれぞれ音楽性は違ったが、醸し出す空気感は共通しており、マスに向けた大ヒット曲に対するカウンターとして大いに受け入れられたのだ。

渋谷系周辺に隣接していたのがクラブ・カルチャーだ。それまでは特権的なイメージが強かったテクノ、ハウス、ドラムンベース、エレクトロニカといったフィールドのアーティストも激増し、続々とメジャー・デビューしている。電気グルーヴがヒットを飛ばし、ケンイシイが世界進出に成功。テイ・トウワやUNITED FUTURE ORGANIZATION（U.F.O.）

Fantastic Plastic Machine のような新しいタイプのサウンド・クリエイターも次々と登場した。

同じく、ヒップホップが急激に音楽シーンを席巻していったのも、90年代の大きな流れである。なかでもスチャダラパー featuring 小沢健二「今夜はブギー・バック」（1994年）と EAST END × YURI「DA.YO.NE」（1994年）の大ヒットは、ラップが市民権を得た分岐点だった。ポップ寄りの TOKYO No.1 SOUL SET やかせきさいだぁがメジャー・デビューを果たし、キングギドラや RHYMESTER が話題になり、BUDDHA BRAND、ECD、SHAKKAZOMBIE、キミドリなどがエイベックス内のレーベル「cutting edge」に集結。2000年代以降のさらなる拡大への礎となった。

ヒップホップと呼応するように登場したのが、R&Bをベースにしたヴォーカリストたちだ。藤原ヒロシや朝本浩文がブレーンとなった1995年デビューのUAや、DJ HASEBEらがバックアップして1997年にデビューしたSugar Soulが一足早かったとはいえ、決定的だったのが1998年にデビューしたMISIAの存在だ。アナログ盤が先行するなどメジャーに迎合することなく大ブレイクし、クラブ・シーンをオーヴァーグラウンドに押し上げた功績は大きい。MISIAに追随するかのように、DOUBLE、嶋野百恵、bird、SILVA、ACO、Tinaなどが続々とデビューし、いわゆるディーヴァ・ブームが巻き起こった。そして宇多田ヒカルがブームにとどめを刺すかのようにメガヒットを放つのである。

一方、ロック系でも様々な変革が起きた。90年代初頭の最初の変動に大きな影響を与えたのが「イカ天」だ。正式には、TBS系テレビの深夜番組『平成名物TV』の1コーナーだった『三宅裕司のいかすバンド天国』のことである。1989年2月に始まったこの音楽オーディション番組は、始まるや否や音楽ファンの間で大きな話題となった。毎週、出演バンドは辛辣な審査員によって厳しく採点され、チャレンジャー賞バンドを選出。前週までチャンピオンだったバンドと対決し、勝った方が「イカ天キング」になるというルールだった。さらに5週連続で「イカ天キング」になると「グランドイカ天キング」の称号を授かり、メジャー・デビューが約束されるというシステムでもあった。ここからは、FLYING KIDS、JITTERIN'JINN、BEGIN、たま、マルコシアス・バンプ、THE BLANKEY JET CITYといったバンドが次から次へとブレイクしていった。しかもジャンルは多岐にわたっており、いずれも一筋縄ではいかない個性派ばかり。萩原健太、吉田建、伊藤銀次といった審査員もユニークなメンツが揃っており、敢えて型通りのロック・バンドばかりを選出しなかったことも狙いだったのだろう。そういった意味においても、90年代のロックが多角的に発展していったのは、「イカ天」の影響だったと言ってもいい。番組自体は視聴率の低迷により2年弱で終焉を迎えるのだが、90年代のジャパニーズ・ロックの隆盛と多様化は、間違いなく「イカ天」から始まったのである。

そんな多様化するロック・シーンの中で、大きなムーヴメントになったもののひとつが、いわゆる〝ヴィジュアル系〟である。

グラムロックやニューロマンティックに影響を受けて派手なメイクをしているバンドは80年代から多数存在していたが、XやBUCK-TICKのブレイクによって一般化していった。彼らの系譜のバンドとして、1992年デビューのLUNA SEA、1993年デビューのL'Arc~en~Ciel、1994年デビューのGLAYや黒夢がいずれもブレイク。その後も

SOPHIA、La'cryma Christi、MALICE MIZER、PIERROTなどが追随し、SHAZNAのメジャー・ファースト・アルバム『GOLD SUN AND SILVER MOON』（1998年）がミリオン・ヒットとなったことで、ヴィジュアル系という言葉自体もお茶の間の一般層にまで広まった。

さらに、サニーデイ・サービスやくるりのような〝フォーキー〟というキーワードで括られたどこか懐かしさを感じさせるバンドが登場したり、ビースティー・ボーイズのレーベルから海外デビューしたBuffalo Daughterや、サイケやガレージを取り入れたゆらゆら帝国のような異端とも言えるバンドがメジャー・デビューしたりとまさにロックの世界も百花繚乱となった。ハードコアの極北とまで言われていたボアダムズまでメジャー・レーベルから作品を多数リリースし、しかもチャートインしているという事実からも、いかにこの時代がすべての音楽を受け入れていたのかがよくわかる。

　インディーズ・ブームが起こった80年代後半に人気を博したパンクも、THE BLUE HEARTS や JUN SKY WALKER(S) などのスターたちを引き継ぐかのように、90年代以降も盛り上がっていった。BRAHMAN や HUSKING BEE といったメロコアや、Kemuri や SNAIL RAMP などのスカコア、少し毛色は違うが bloodthirsty butchers や eastern youth のようなエモといわれていたバンドなど事細かに細分化されていったのだが、そこから頭ひとつ飛び抜けたのが Hi-STANDARD である。彼らは驚くべきセールスを記録したというだけでなくパンクやジャパニーズ・ロックのシーンそのものに多大な影響力を及ぼし、主催していたロックフェス「AIR JAM」を含めてラウドロック・カルチャーを作り上げていった。

「AIR JAM」と同じく１９９７年に開催されたのが、「FUJI ROCK

FESTIVAL」である。洋邦の豪華アーティストが出演するということで話題になり、THE YELLOW MONKEY、ザ・ハイロウズ、電気グルーヴなどもラインナップされた。台風の影響で2日目が中止になるなど初回は課題も多かったが、今では世界最大級のロックフェスに成長したことはご存じの通りだ。FUJI ROCKに続けとばかり、1999年には北海道で邦楽アーティストのみで構成された本格的なロックフェス「RISING SUN ROCK FESTIVAL」が行われた。Dragon Ash、UA、椎名林檎、thee michelle gun elephant、BLANKEY JET CITY、サニーデイ・サービスなど本書で紹介したアーティストも多数参加した。2000年代に入ると「SUMMER SONIC」や「ROCK IN JAPAN」を筆頭に、フェス・ブームと言われるほど全国各地で音楽フェスが倍増していくが、その背景には90年代に拡大したJ－POPシーンにおけるオルタナティヴのボトムアップが大きく影響しているのである。

ＣＤの売上が最高潮だったのは、１９９８年のことである。いわば、日本人が最も音楽にお金をかけていた時代が90年代だ。この音楽好景気にはミリオン・ヒットだけでなく、オルタナティヴな音楽も大いに貢献していたのである。

おわりに

本書の担当編集者から、『「シティポップの基本」がこの100枚でわかる！』に続く企画はないかと問われた際に、パッと閃いたのが90年代のJ－POPをテーマにした書籍だった。70年代や80年代の邦楽に関しては何度も語られているし、専門書も多数出版されている。そのため、その時代の音楽に対しての明確なイメージを持つことは可能だ。しかし、90年代になると、ジャンルの幅も物量も多大で、かなり輪郭が茫洋となってしまう。そのあやふやなイメージを、コンパクトに具体化しようとトライしてみたのだが、いかがだっただろうか。

個人的に振り返ってみても、90年代は特別な時代である。筆者は1970年生まれなので、90年代の幕開けは大学2年生。バブルはすでに崩壊していたが、体感としては非常に景気がよく、いくらでも好条件の学生アルバイトがあった。そのため、短期のバイトを見つけて日当を稼いでは、レコードやCDをしこたま買い込むという生活をしていた。当時はどちらかというと洋楽志向で邦楽を聴く割合は低かったが、それでも軽音楽部に在籍していたこともあって、「イカ天」出身のアーティストなどは一通りチェックしていた。また、後に〝渋谷系〟と呼ばれるアーティストに衝撃を受けたのもこの時期で、ピチカート・ファイヴとフリッパーズ・ギターは、この当時もっともよく聴いていたJ－POPだ。なお、1990年は、それまで輸入盤専門だったタワーレコードが日本盤や邦楽を扱うようになったり、HMVやヴァージンメガストアが日本に参入したりと、いわゆる外資系レコードショップの隆盛が始まった年でもある。

筆者は1992年4月にレコード会社のファンハウスに入社したのだが、当時のファンハウスは飛ぶ鳥を落とす勢いの独立系レーベル。100人ほどの小さな会社だというのに、前年の1991年には、辛島美登里「サイレント・イヴ」、小田和正「ラブ・ストーリーは突然に」、大事MANブラザーズバンド「それが大事」というミリオン級の大ヒットが3曲も生まれ、社内の雰囲気は毎日がお祭りのようだった。とはいえ、個人的には自社だけでは物足らず、売れ線の音楽を横目で見ながら渋谷系やクラブ・ミュージックなどに傾倒していた。そういった意味では、翌1993年は最高に興奮した一年で、小沢健二とCornelius（小山田圭吾）のソロ・デビューという大事件にワクワクさせられた。

当時は、飲み会の二次会といえばカラオケに行くのが定番。個人的には騒ぐことはあまり好きではなかったが、それでも連れていかれるとチャゲアスやユーミンなどのミリオン・ヒットや、ZARDやB'zといったビーイング系のナンバーは一通り耳に残って覚えた。trfや篠原涼子などの小室サウンドも幅を利かせていたし、ミスチルを歌い始める男性が急に増えたなと感じた記憶も残っている。

1995年に宇田川町から神南に移転オープンしたタワーレコード渋谷店は、CDを買いまくっていた音楽生活に大きな影響を与えた。8階建てのビルすべてがCDで埋め尽くされているという天国のような場所は、試聴機もふんだんに揃えられていたため一度入るとなかなか出てこられない魔窟状態。すぐ近くにはすでに渋谷系の聖地になっていたONE－OH－NINEのHMV渋谷があったし、少し足を延ばせば新宿マルイシティの地下にあったヴァージンメガストアや、かなり尖った品揃えで知られていた六本木WAVEもあった。レコード会社の宣伝マンは常に外出しているため、新譜チェックするのも日課のひとつ。90年代後半からは、フィッシュマンズ、サニーデイ・サービス、thee michelle gun elephantなどに衝撃を受け、さらに音楽シーンが豊潤になったと感じたのもこの頃だ。

テレビを見る暇もないほど仕事に明け暮れる日々だったが、それでもオーディション番組『ASAYAN』は良くチェックしていた。小室哲哉が審査員をしていた企画「コムロギャルソン」も面白かったが、それ以上にドラマティックだったのがシャ乱Qによる「女性ロックヴォーカリストオーディション」だ。ここからモーニング娘。が生まれたわけだが、デビュー以後の活躍は言うまでもなく、その成り立ちこそがエンターテインメントだった。

ミリオン・ヒットは相変わらず生み出され続けていたし、パンク、ヴィジュアル系、ヒップホップ、R&Bディーヴァ、ミクスチャーなどコアな音楽も全体的にボトムアップされていた。しかも、どのジャンルもCDのセールスは安泰で、各地で起こりつつあった音楽フェスのような新しいライヴ形態も急速に受け入れられていった。そして、世紀末を迎える頃、とどめを刺すかのように椎名林檎と宇多田ヒカルが登場し、なんとなく90年代が終わるなあと感じた。

個人史を書き連ねてしまったが、多かれ少なかれ90年代を過ごした音楽ファンは、同じような経験をしているのではないだろうか。本書を読んでくれたリアルタイム世代にはこの感覚を懐かしんでもらいたいと思っているが、後追い世代の方にも追体験していただけたとしたなら、これほど嬉しいことはない。90年代のJ-POPアルバムを100枚しか選べなかったことは悩ましかったが、ここで選から漏れた名盤群に関しては、機会があれば紹介し続けたいと思っている。読者の方が「あれがない、これもない」と感じていらっしゃることは重々承知なので、逆にその欠落したアーティストや作品を探しながら楽しんでいただければ本望だ。

最後に、こちらの意図を汲みとって頂き素敵なカヴァーイラストを描き下ろしてくださったgataさん、本書を企画し、筆者と併走してくれた星海社の編集者・築地教介さん、そして、90年代という輝かしい10年間を彩ってくれたすべてのアーティストと作品に感謝して、本書を締めくくりたいと思う。

2023年8月　栗本斉

星海社新書
273

「90年代《ねんだい》J-POPの基本《きほん》」がこの100枚《まい》でわかる！

二〇二三年九月一九日 第一刷発行

著者 栗本斉《くりもとひとし》

発行者 太田克史《おおたかつし》

編集担当 築地教介《つきじきょうすけ》

発行所 株式会社星海社
〒一一二-〇〇一三
東京都文京区音羽一-一七-一四 音羽YKビル四階
電話 〇三-六九〇二-一七三〇
FAX 〇三-六九〇二-一七三一
https://www.seikaisha.co.jp

発売元 株式会社講談社
〒一一二-八〇〇一
東京都文京区音羽二-一二-二一
(販売) 〇三-五三九五-五八一七
(業務) 〇三-五三九五-三六一五

印刷所 凸版印刷株式会社

製本所 株式会社国宝社

アートディレクター 吉岡秀典《よしおかひでのり》(セプテンバーカウボーイ)

デザイナー 榎本美香《えのもとみか》

フォントディレクター 紺野慎一《こんのしんいち》

校閲 鷗来堂《おうらいどう》

ISBN978-4-06-529705-6
Printed in Japan

273
SEIKAISHA SHINSHO

211

「シティポップの基本」がこの100枚でわかる！

栗本斉

「シティポップ」の熱狂を凝縮した、入門書にして決定版！

洋楽の要素を取り込み、鮮やかな色彩感覚で洗練された都市の情景を描きながら、憂いや哀愁をも含んだ日本独自の音楽ジャンル、「シティポップ」――この「都市型ポップス」は２０１０年代以降、世界中で急拡大する。本書はシティポップ史に燦然と輝く名盤から、先人の遺伝子を受け継ぎ昇華し続ける次世代盤まで、シティポップを紐解くうえで決して外すことのできない必聴の１００枚を厳選し、30年にわたり日本のポップミュージックシーンと併走してきた著者が一枚ずつ丹念にレビューする。時代も国境も軽々と越えた、語り継ぐべき日本の文化遺産に耽溺してほしい。

カバー装画：鈴木英人

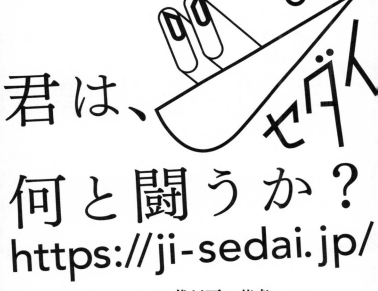

次世代による次世代のための

武器としての教養
星海社新書

星海社新書は、困難な時代にあっても前向きに自分の人生を切り開いていこうとする次世代の人間に向けて、ここに創刊いたします。本の力を思いきり信じて、みなさんと一緒に新しい時代の新しい価値観を創っていきたい。若い力で、世界を変えていきたいのです。

本には、その力があります。読者であるあなたが、そこから何かを読み取り、それを自らの血肉にすることができれば、一冊の本の存在によって、あなたの人生は一瞬にして変わってしまうでしょう。思考が変われば行動が変わり、行動が変われば生き方が変わります。著者をはじめ、本作りに関わる多くの人の想いがそのまま形となった、文化的遺伝子としての本には、大げさではなく、それだけの力が宿っていると思うのです。

沈下していく地盤の上で、他のみんなと一緒に身動きが取れないまま、大きな穴へと落ちていくのか？　それとも、重力に逆らって立ち上がり、前を向いて最前線で戦っていくことを選ぶのか？

星海社新書の目的は、戦うことを選んだ次世代の仲間たちに「武器としての教養」をくばることです。知的好奇心を満たすだけでなく、自らの力で未来を切り開いていくための〝武器〟としても使える知のかたちを、シリーズとしてまとめていきたいと思います。

2011年9月

星海社新書初代編集長　柿内芳文

SEIKAISHA SHINSHO